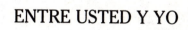

ENTRE USTED Y YO

CRISTINA MEJIAS

ENTRE USTED Y YO

La llave para su éxito laboral

PLANETA

Diseño de cubierta: Mario Blanco
Infografías: Irene Banchero
Diseño de interior: Alejandro Ulloa

© 1996, Cristina Mejías
Primera edición: abril de 1988
Segunda edición corregida y aumentada: octubre de 1996

Derechos exclusivos de edición en castellano
reservados para todo el mundo:
© 1996, Editorial Planeta Argentina S.A.I.C.
Independencia 1668, Buenos Aires
© 1996, Grupo Editorial Planeta

ISBN 950-742-763-5

Hecho el depósito que prevé la ley 11.723
Impreso en la Argentina

ADVERTENCIA

Amigo o amiga, la búsqueda de un empleo nuevo y mejor puede ser una de las experiencias más solitarias y frustrantes de la vida de un individuo.

La mayoría de nosotros cambia de empleo pocas veces y si ocurre, no siempre lo hace por propia decisión. Por tanto, no estamos debidamente preparados para la odisea que se nos propone, y con demasiada frecuencia aceptamos puestos poco deseables o con menor remuneración de la que deseamos y merecemos, o de pronto nos encontramos en puestos que, en definitiva, no nos ayudan a ser más felices en nuestra vida.

Este libro pretende que esa búsqueda no sea ni tan ingrata ni tan angustiante. En él hallará herramientas de presentación y promoción que lo ayudarán a concluir su campaña en el menor tiempo posible, con el mayor éxito y con el menor desgaste y daño emocional posibles.

Buena suerte.

C. M.

Indice

Capítulo I

Entre usted y yo

¿Cómo es usted, lector? ¿Cómo es usted, lectora? ¿Joven o viejo? ¿Alta o baja? Sé que tiene usted entre veinticinco y sesenta años; quizás tenga algunos menos, quizás algunos más.

¿Hombre o mujer? Da igual. No debería existir diferencias de sexo en el mercado laboral. (Ya hablaremos de esto luego.) Los rasgos físicos son irrelevantes; pero estoy segura de que usted es inconformista. No se deja arrastrar por las circunstancias ni se apoltrona suponiendo que con su título o puesto ya todo está ganado; quizás esté sin empleo, quizás tenga un empleo excelente... y sin embargo toma en cuenta la posibilidad de cambio: su vida laboral lo preocupa. Busca mejorarla, o retomarla, o desarrollarla. Ese es usted, lector; esa es usted, lectora.

¿Y yo? Soy una profesional que lleva años deseando la oportunidad de sostener esta conversación. ¡He visto a tantos y a tantas postulantes cometer errores! Y se repiten: en la presentación del currículum, en la carta que lo acompaña, en el desempeño durante la entrevista. En cada ocasión me habría encantado exclamar: "Esto no es así" y mostrar cuál era la manera correcta, pero no debo quebrar mi objetividad. Aunque usted me caiga muy bien, o aunque no sea así, me dejo de lado a mí misma y me dedico a juzgar adecuadamente su desempeño profesional.

Sin embargo, sigo teniendo una reacción emocional ante cada postulante, aunque no lo demuestre, veo en cada uno lo intensamente humano de toda actitud, de toda actividad. La experiencia no me ha quitado la sorpresa ante los errores. Quizás usted mismo/a esté cometiéndolos ahora y supone que lo que hace está bien, y con empecinamiento cae una y otra vez en las mismas fallas: no me asombraré, sino que recordaré que a usted nunca nadie le enseñó a buscar empleo. Además, en los últimos años el mercado laboral se ha desarrollado y sofisticado mucho, y entrar en la categoría "postulante" requiere cumplir con requisitos cada vez más complejos, en ciertos aspectos ajenos a su idoneidad técnica o profesional. Un ejemplo somos los consultores en selección de personal: tendemos a usar una lente minuciosa y no siempre quienes se presentan saben cómo relacionarse con nosotros. Para ayudarlo/a en ése y otros aspectos escribí estas páginas.

Quiero que mi libro le sea útil. Ojalá haya en él algún comentario, alguna explicación que usted desee recordar o que desee recomendarle a un amigo que se encuentre en situación de cambio laboral. Si toma un lápiz para subrayar algo, si mentalmente toma nota de alguna frase, estaré recompensada. La mía no es vocación docente, sino de servicio: lo único que deseo es ayudarlo/a a conseguir un nuevo empleo, a ubicarse en un puesto mejor. Me hará feliz serle útil.

¡Y quiero que sepa que comprendo muy bien toda la angustia que se siente en la búsqueda laboral! Cuando en el puesto actual se está incómodo, cuando se está a punto de perder el trabajo, cuando se ha estado un cierto tiempo desempleado, el nivel de estrés es altísimo, la ansiedad crece, y las preguntas silenciosas se acumulan: ¿Cómo será el próximo grupo al que me toque integrarme? ¿Dónde iré a caer? ¿Cómo será mi vida cotidiana en ese puesto nebuloso que aún no vislumbro? Y, lo más angustiante de todo: ¿Dónde está ese empleo?

¡Es tan tensionante la situación de quien busca cambiar su posición laboral! *En la sociedad moderna somos lo que hacemos*: si a una niña le preguntan por su papá, ella señalará con el dedito y dirá: "Mi papá... ¡es gerente!". Muy rara vez dirá "es rubio", o "es bueno", "es flaco". Ella, como nosotros mismos, ha aprendido a definir a la gente más por el rol que desempeña que por sus cualidades. Por eso quien está sin empleo (o quien pronto abandonará el que tiene) se siente privado de autodefinición; su autoestima disminuye. En cualquier reunión social puede escucharse de pronto la pregunta cortés: "¿Y usted de qué se ocupa?". Si uno contesta: "En nada" se producirá un silencio tenso e incómodo. En ese silencio se concentra toda la desaprobación del grupo hacia quien "no hace nada", así sea por corto tiempo. Es natural que deseemos que resulte un período breve: buscar nuevo empleo es una tarea solitaria y angustiante. Y lo es, sobre todo, porque la persona se encuentra socialmente aislada.

Piense en esta última frase: "socialmente aislada"... Recuerde que a todo adulto la sociedad le pide que haya cumplido ciertas etapas y desempeñado ciertos roles; a lo largo del crecimiento, el estudio, el casamiento y el trabajo son hitos decisivos en la vida de cada individuo. Los jóvenes se encuentran con esas propuestas y con la estructura necesaria para dar cuenta de ellas: dentro de ciertos niveles sociales, quienes alcanzan la edad de la educación terciaria tienen ante sí todo un conjunto de instituciones, personas y actividades que llamamos "formación universitaria": puede ser difusa, incluso bloqueante, pero la estructura existe. Más tarde sentirán la presión social que los impulsa a casarse: un conjunto de expectativas que les permite suponer que, con mayor o menor prontitud, elegirán a alguien y serán elegidos; de un modo u otro, todos sabemos que se espera de nosotros que compartamos nuestro tiempo de vida adulta. De esta manera la sociedad influye en el estudio y el casamiento; pero en la tercera gran variable, el trabajo, no hay estructura social que coopere con nosotros. *Se nos impulsa a conseguir el primer empleo; pero no necesariamente el mejor, y el impulso consiste en cargar de angustia el tiempo de desocupación.* Si acaso debemos dejar el trabajo y buscar otro, la sociedad nos deja solos ante la tarea: socialmente aislados.

¿Qué imagen tenemos de la búsqueda de un empleo?

Una persona compitiendo con decenas, quizás cientos, de otras personas también capacitadas: y todas con la intención de obtener un puesto único. Quien decide, el "empleador", más que una persona es un ser grupal, un interlocutor difuso al que no se conoce y que emitirá juicio sobre el postulante sin que éste pueda influir sobre él. Ese grupo preexistente que llamamos "empresa" o "empleador" otorgará o negará el empleo: esto es, decidirá si el postulante merece integrarse o no al grupo. ¡Y de esa decisión puede depender el éxito, el futuro íntegro de la vida! El prestigio, la realización, o simplemente lo elemental: los ingresos, tanto en el alto nivel de consumo como en el menor, el de la simple subsistencia, todo puede depender de un "sí" o un "no"... ¿Cómo no va a haber una enorme ansiedad colocada sobre todo este proceso? Y, ¡qué ironía!, el desahogo de esa angustia no está bien visto: el estudiante puede confesar que tiene miedo frente a sus exámenes; quien se casa puede revelar su incertidumbre, y en ambos casos el código de ética social se muestra benevolente y se comprende que quien enfrenta pasos trascendentales como el estudio o el casamiento sufra de ansiedad y tensión. Pero esa benevolencia no existe si quien revela el miedo es alguien que, por una razón u otra, se ve forzado a buscar nuevo empleo. Nadie exclama en público: "¡Estoy tan asustado! Ya pasaron tres meses, y no consigo nada de lo que busco...". Al contrario: tratará de esconder el hecho de su desocupación, como si fuera algo vergonzante. Se da por supuesto que si alguien ha llegado a integrarse al adulto mundo laboral ya no le es lícito enfrentar situaciones de cambio. Es una suposición absolutamente inadecuada al mundo moderno, que impone constantemente alteraciones, incluso no deseadas: pero la suposición persiste... Sí, es muy angustiante: lo sé, y por eso, trabajando como selectora de personal y entrevistando a varios candidatos para cada vacante que una empresa me encomienda cubrir, siempre tengo conciencia de las ansiedades y temores, fantasías y angustias que debe estar soportando cada persona cuando asiste a mis entrevistas.

Con todo, hay que tener en cuenta que sí es posible, hasta cierto punto, influir en la decisión del empleador. Inclinar, como postulante, la balanza a nuestro favor. El mismo mundo que nos impone tanta tensión nos da herramientas modernas para desenvolvernos, y este libro busca ser una de esas herramientas. Debemos usar todas las que estén a nuestro alcance; del mismo modo en que el empleador (la empresa, el grupo al que queremos unirnos) toma una serie de medidas para conocer y evaluar al candidato, el postulante debe prepararse al máximo para conocer y evaluar a su vez las oportunidades laborales que vaya a enfrentar y/o considerar. El grupo "empleador" se cuida a sí mismo mediante esas evaluaciones; el postulante debe precaverse por su parte. ¿Ayudaría en esto efectuar toda la preparación con la cara rígida y el alma pesada? ¿Acaso la solemnidad no nos dejaría más débiles para resolver el problema? El buen humor es una virtud, no una ligereza, y por eso de vez en cuando este libro querrá hacer nacer una sonrisa en el lector, preocupado por asuntos tan serios. Por eso este tono: una conversación entre usted y yo.

Así que, si está en situación de cambio, si siente que la presión crece, cepille bien su traje, o su más lindo "tailleur"; elija con cuidado las corbatas, o acometa su nuevo corte de pelo, para dar la mejor impresión y, sobre todo, no pierda nunca la sonrisa.

En cada capítulo de este libro quise ser fiel al refrán: "Al mal tiempo buena cara", siempre recordando que esta vez podemos ayudar a que el tiempo cambie a favor nuestro. En tanto, la sonrisa disminuye la tensión, y así facilita pensar bien: por eso, en algunas páginas intentaré generar en el lector la sonrisa que no vi en los rostros severos de quienes vinieron a presentarse como postulantes, o simplemente a consultarme, a lo largo de mis años de trabajo. Esa sonrisa los hubiera ayudado más en su problema que la postura rígida que tan frecuentemente solían adoptar. Esa forma rígida o adusta de hacerle frente a la vida laboral puede hacer perder la verdadera proporción de las cosas. Así, entonces, las advertencias y consejos que daré serán más útiles si se los recibe sonriendo.

Entre usted y yo, sabemos que la situación es seria. Usted está decidiendo el rumbo de su vida; cada paso, cada decisión que tome, lo llevará en una dirección que luego puede resultar difícil rectificar. Por eso mismo deshágase de la tensión y de la rigidez: quien camina tenso puede tropezar más fácilmente que quien adopta un paso firme pero laxo, decidido pero libre de nerviosismo. Si en esta conversación entre usted y yo introduzco cierto humor, acéptelo como una ayuda, no como una liviandad. En cada capítulo encontrará consejos, advertencias, guías, indicaciones racionales, en lenguaje directo, seco y claro. En el desarrollo de mis ideas y experiencias trataré de infiltrar cierta gracia o fantasía, nunca irrealidad.

Pero ampliemos nuestro encuentro. Aunque ésta es una conversación entre usted y yo, es también el resumen de mi experiencia a lo largo de veinte años de consultoría en recursos humanos.

Distintos tipos de personas han pasado por mi oficina: cada uno trajo su problema, su inquietud, su forma de ser; a cada uno traté de ofrecerle mi mejor respuesta. Como los seres humanos solemos parecernos entre nosotros, quizás haya alguien como usted entre todos los que participan de estas páginas: quizás usted reconozca en alguno de ellos sus propias preguntas, o algún rasgo de su carácter le recuerde su propia personalidad.

Por supuesto, mis consejos y advertencias tienen validez propia, pero ocurre que no creo en el procedimiento de proferir verdades absolutas sin atender a quien se las destina: creo que cada norma, cada palabra, debe acomodarse al caso particular de cada consultante. Por eso mis personajes son tan variados y tan distintos entre sí: por supuesto, ninguno es real... pero todos son reales: ninguno es nadie a quien usted o yo conozcamos, pero todos, tanto usted como yo, conocemos gente parecida a ellos.

Así que supongamos que estoy en mi oficina, que estoy atendiendo consultas, que en mi agenda hay varias citas y que le indico a mi secretaria que haga pasar al primer visitante.

Todas las escenas y personajes serán imaginarios; sin embargo, trataré de recrear en ellos, con sus supuestas preguntas e inquietudes, los diálogos y observaciones tantas veces detectados en la vida real.

Capítulo II

Entendiendo los códigos

El primer visitante era un señor bien vestido, alto, bastante apuesto. Entró evidentemente agitado. En su sonrisa había algo de mueca.

—Licenciada —exclamó inmediatamente después de los saludos—, necesito su ayuda. Estoy sin empleo, tengo cuarenta y cinco años, soy casado y con tres hijos. ¿Se da cuenta? El mayor todavía no terminó su carrera universitaria. Mi familia está acostumbrada a vivir, no diré con lujos, pero de manera desahogada... ¡Y mi empresa redujo personal! ¡Y yo no sé qué voy a hacer! Les salí de garante a dos compañeros que también quedaron en la calle, y di como aval mi única propiedad... ¿Qué hago?

—Déjeme señalar un error importante —indiqué—: para corregir una equivocación primero hay que reconocerla. Yo...

—Es cierto, ¡no debí dar esa garantía! —me interrumpió bruscamente—. ¿Pero cómo iba a imaginarme que una empresa tan fuerte como la mía iba a reducir la producción? ¿Y cómo pensar que me iban a desplazar a mí, con veinte años de empresa?

—No es ése el error —intenté calmarlo—. Hoy justamente debo atender el caso de un profesional joven que también se encuentra en una situación de cambio sumamente urgente. Y también el caso de un ejecutivo muy respetado, cuya trayectoria es mucho más larga que la suya.

—Me interesaría ver si eso es así —refunfuñó mi visitante—. A un joven no tiene por qué importarle tanto, y a alguien mayor... realmente, licenciada, no creo que pueda ocurrirle lo que me pasó a mí.

El señor Nervioso (pues ése es el nombre supuesto de mi primer visitante) se agitó en su asiento.

—No me imagino —prosiguió— a un alto ejecutivo entrando en esta oficina y planteando que está en situación de cambio. Un hombre joven, sin trayectoria hecha, puede ser; pero no tendría razones para angustiarse demasiado. No, realmente no puedo concebir una situación peor que la mía.

—Alguien más joven —opiné— puede sentir que su situación es, si no peor, al menos tan apremiante como la suya.

Nervioso meneó la cabeza incrédulo:

—¿Con todo el futuro por delante? ¡Tendría que verlo para creerlo!

—Quizás pueda cumplir su deseo —ofrecí—; pero no olvide que a mayor juventud, mayor impaciencia. Por eso mismo un joven puede sentirse muy mal al sufrir una crisis laboral: no tiene una carrera donde respaldarse.

—Y si la tuviera, no le serviría de nada. ¡Míreme a mí!

Salí y me dirigí al recibidor: tal como lo había supuesto, el joven ya había llegado, pero me sorprendí al verlo enfrascado en una animada conversación con el señor Maduro. ¡Qué notable! Maduro era un hombre importante, cuyo tiempo solía contarse por segundos; era sorprendente, por un lado, que me pidiese una entrevista, y, por el otro, que viniese tan temprano que tuviese que hacer antesalas. Saludé y les expliqué que mi intención había sido que el joven cambiase unas palabras con Nervioso para que éste comprendiese que, salvadas las distancias, el muchacho estaba en un problema similar al suyo, con la desventaja de no contar con una trayectoria que lo avalase. Maduro comentó:

—En unos pocos minutos de conversación me he interesado mucho en el problema de este joven amigo: la pregunta que él quiere plantearle es también la mía, y su respuesta no sólo será útil a su otro consultante, sino también a mí.

Los hice pasar a mi oficina, y luego de las presentaciones el joven propuso la cuestión sin más preámbulos:

—Es mi trabajo. Me dediqué íntegramente a mi empresa, pero... estoy mal. No puedo quedarme más. ¿Qué hago?

—¿Es tan grave la situación? —pregunté, y ante la confirmación muda del joven, me dirigí a Maduro—: ¿Y ésa es también su pregunta?

—Así es —confirmó el hombre mayor, moviendo su cabeza canosa—: ya ve por qué venir me resultaba tan difícil y por qué dudaba en plantearle una cuestión de esta índole... Pero una vez que he tomado esta decisión, veo que el problema de este joven es en cierto modo también el mío. El comienza y yo termino; él se plantea en el inicio lo que yo me planteo en el final.

El señor Nervioso escuchaba estupefacto. ¡Maduro, gerente general de una poderosa empresa, reconocía estar en una crisis y admitía compararla con la de un muchacho! Advertí su expresión e intervine:

—Lo que estaba tratando de indicarle al señor —hice un gesto hacia mi primer visitante— es evidentemente algo de interés para los tres. Las circunstancias son muy diferentes, pero las encrucijadas son similares. ¿Están de acuerdo en sostener esta conversación en forma grupal? Luego nos ocuparemos de cada caso... —Y ante el asentimiento, continué—: Cada uno de ustedes podrá adecuar mis observaciones a su propia y peculiar circunstancia; porque los detalles y particularidades no son transferibles, pero sí las líneas generales. Y creo que una de las más comunes equivocaciones que comete cualquiera que trabaje en relación de dependencia es olvidar que en el mundo moderno hay una intensa separación entre la empresa, considerada como institución, y los proyectos y aspiraciones personales de cada individuo. Usted, antes de que llegasen los señores, hablaba de "mi empresa" como si usted perteneciese a ella todavía; y usted, mi joven amigo, habla de "mi empresa" como si ella le perteneciese a usted. Hay una gran carga afectiva en ese adjetivo: es más que un "mi"; es una posesión que indica mucha cercanía emocional.

—Es lógico —intercaló el señor Maduro—; yo tengo una vida dedicada a mi empresa... es mi casa, mi segunda familia.

—No es lógico —repliqué—: es solamente humano. Está bien que ustedes dediquen a sus empresas todo su sentido de pertenencia, su dedicación, su esfuerzo, pero parte de esa energía debe consagrarse a mantener una cierta separación entre la persona y la organización a la que pertenece. No deben considerar a sus empresas como parte imprescindible de sus vidas afectivas; recuerden siempre que la Empresa, con mayúscula, es una entidad objetiva que tiene su orientación en la búsqueda del beneficio, más allá de toda función social-laboral que cumpla y más allá de todas las ligaduras personales que ustedes entablen con ella. Según mis noticias, señor —dije dirigiéndome al mayor—, usted ha tenido el privilegio, raro en estos tiempos, de pasar la vida en una sola empresa; y digo raro en estos tiempos porque los mercados cambiantes y la coyuntura económica particular de cada ciclo hacen que el desenvolvimiento de cada grupo ocupado en la empresa sufra vaivenes a veces imprevisibles, y el ritmo de la vida moderna hace que esos vaivenes sean más y más frecuentes. Si una empresa debe estar preparada a sufrir embates, resulta inevitable que la vida de sus miembros se vea afectada por esos embates: hay que tener en cuenta siempre la posibilidad de que el propio puesto se desvanezca. Suponer que una vez que uno ha ingresado a una empresa pasará en ella sus años hasta la jubilación, como si esto fuera una ley natural, es un error. *Quedar desvinculado es algo que puede suceder en cualquier momento.*

—¡Y ocurre en el peor! —intervino agitado mi primer visitante—. ¡Justo cuando más se necesita la estabilidad!

—Y, olvidado de la presencia de los otros dos, continuó—: Si esto me hubiera pasado hace diez años, con la familia en otras condiciones... ¡cuando yo era más joven! Pero ahora... ¿Tengo que decirle a mi hijo que vaya a trabajar, que deje de dedicarse íntegramente al estudio? ¿Y a mi esposa que ahora hay que volver a controlar los gastos, como cuando recién nos casamos? Todavía no le dije que perdí el empleo...

—¿Cuánto hace que lo desvincularon? —pregunté con suavidad.

—Casi un mes. ¡Y no consigo nada comparable! Además, esto puede empeorar. ¿Qué hago? ¿Qué puedo hacer?

—Calmarse.

Hice una pausa y proseguí:

—Esto es lo primero: aprender a contemplar la situación con serenidad. El pánico, la angustia, la desazón, no resultan buenos consejeros. Encontrarse en una situación de cambio puede atribuirse a motivos diversos: necesidad o deseo, obligación o ansia de superación. En todos los casos, la reacción correcta es tranquilizarse. Luego debe apelar a su experiencia y preparación: no importa en qué área se haya desempeñado, el mero hecho de ser un ejecutivo le ha hecho aprender que vender un producto o un servicio es difícil. El proceso de venta también está sujeto a vaivenes y puede ser influido por varios factores. Un consumidor puede comprar un producto que no le satisfaga del todo simplemente porque no se ha enterado de que otro mejor existe, y compra uno y no otro porque le ha sido mejor presentado, mejor explicado: en suma, porque lo han convencido. Recuerde estos hechos y piense que coinciden con lo que el mercado laboral muestra: *no siempre los mejores trabajos se destinan a la gente más idónea*; no es cierto que uno obtenga siempre el mejor trabajo que pueda ocupar. A veces obtiene uno meramente aceptable, o acepta algo con la esperanza de que cambiará con el tiempo, y luego continúa por hábito... En suma, lo que debemos hacer, una vez tranquilizados, es considerarnos a nosotros mismos como un producto que debe ser recolocado en el mercado laboral, y luego ponderar los modos de presentar ese producto y convencer al empleador de que lo compre. Como ejecutivo usted conoció el proceso de venta; ahora es parte de él. Lo que usted tiene para vender o alquilar es su tiempo laboral, con idoneidad y capacidad profesional. Usted es un producto que...

—¡Qué horrible! —respondió con horror mi entrevistado—. Primero me dice que no hable con emoción de mi empresa, que considere las cosas con frialdad; en mi empresa me trataron como a una cosa y me aconseja que yo haga lo mismo conmigo... ¿Yo soy un producto, una cosa? ¿Yo me alquilo, me vendo?

—Uso esas palabras como metáforas —lo tranquilicé—; estoy describiendo el proceso que lo conducirá a un puesto igual o superior al que tenía. Digo "vender", "alquilar", "producto", entre comillas.

—No me venga con sus comillas, ¡yo no soy una "cosa" entre comillas! ¡Soy una persona y debo ser tratado como tal!

El exabrupto de Nervioso, apasionado y fuerte, causó

evidente impresión en los otros, que me miraron expectantes.

—No pierda usted sus prerrogativas de persona —le dije, conteniendo la irritación ante tanta terquedad—, pero permítame recordarle que integrarse a una empresa en relación de dependencia es una relación laboral. Uno dedica, "presta" o "alquila", como más le guste decirlo, la capacidad profesional a cambio de una retribución. Lo mismo vale para el cadete que para el gerente general: la mía es una descripción objetiva. Pero no es necesario que usted se considere una cosa; si lo desea, *piénsese funcionalmente, como una unidad de prestación de servicios.* Esa unidad puede continuar estando en perfectas condiciones y, por la razón que sea, haber dejado de ser utilizada: y en algún lugar del mercado hay un cliente que está necesitando una unidad de este tipo. Por eso le pido que acalle su emoción y sea objetivo. Si ante la situación reacciona con pánico y desesperación, perderá claridad conceptual para hallar su reubicación laboral: porque el mismo hecho de buscar un trabajo nuevo, de continuar su carrera, produce una angustia dolorosa. Usted necesita trazarse un plan para evitar que la frustración desemboque en una inactividad que agravará el problema: porque tenemos mucho que hacer. *No debe usted olvidar que no siempre los mejor preparados son quienes obtienen el mejor empleo, sino que los mejores empleos suelen ser cubiertos, en paridad de idoneidad o habilidades laborales, por los candidatos que mejor han sabido mostrarse, desplegar sus potencialidades ante el empleador:* esto es, los que mejor se han desempeñado en la entrevista con él. Tiene usted por delante mucho que hacer: no tenemos energías para desperdiciar en pánico...

—Pero... —dudó mi visitante— es mi edad. ¿Dónde hallar un puesto para mí? Y usted dice que tengo que buscar un puesto mejor. Tendré suerte si consigo uno cualquiera, ¡olvidémonos del mejor! Piense: cuarenta y cinco años. ¿No ha visto usted cómo se privilegia a la juventud en el mundo moderno?

—En el mercado laboral —aclaré— la edad que usted vive como un freno, como un factor negativo, puede ser valiosa. Usted tiene cuarenta y cinco años: lo mismo sería que tuviese cincuenta y cinco años.

Me levanté, caminé por la habitación. Ahora el señor Maduro no me quitaba los ojos de encima. Continué:

—La edad, necesariamente, va acompañada de experiencia. El factor negativo será negativo si usted se empeña en considerarlo así. ¿Conocen ustedes el cuento de la botella que se vuelca?

Menearon la cabeza, y conté:

—La botella se cae, y dos personas corren a levantarla. En tanto, parte del contenido se derrama. Una la levanta y exclama: "¡Qué lástima, solamente queda la mitad!", a la vez que, simultáneamente, el otro dice: "¡Qué suerte, se salvó la mitad!". Adivinen cuál de los dos es el optimista y cuál el pesimista.

Me dirigí al señor Nervioso:

—Si usted quiere competir con los jóvenes perderá. ¿Pero acaso quiere hacerlo? Ni quiere ni debe. Ellos tienen íntegro su potencial de carrera, pero carecen de caudal de experiencia. En la madurez ya se puede hacer un cierto balance, y usted habrá acumulado años y solidez de experiencia. Esa acumulación es uno de los atributos que favorecerán su recolocación en el mercado; usted tiene que identificar ese capital y transformarlo en un rasgo positivo.

—He acumulado —reflexionó Nervioso— años, carrera, incluso algunos éxitos resonantes... ¿De qué me sirvieron? En el momento de restringir tocan a mi sector, y a mí me dicen tan campantes: "Hasta aquí nomás". ¡Qué poco resultó mi trayectoria! ¡Qué ingrata fue mi empresa!

Recordé un refrán que decía mi abuela: "No hay peor

sordo que quien no quiere oír". Estábamos de nuevo en el punto de partida. Sin embargo, Nervioso era un hombre de extraordinaria capacidad o no hubiese llegado a desempeñarse en la función que llegó a ocupar; simplemente estaba obnubilado por el shock de lo que le estaba aconteciendo. Debía yo buscar otro modo de abordar la cuestión.

—Si me permiten —les dije— llamaré a un colaborador para que se integre a nuestra reunión. Su ayuda nos será útil para comprender este gráfico...

(Me acerqué a cada uno de ellos y les di un ejemplar del gráfico *El proceso de Búsqueda Laboral*. El mismo que ustedes, lectores, tienen al final de este capítulo.) Continué:

—Gracias a él he podido comprobar la efectividad de la sistematización de los pasos que les estoy ofreciendo. Se llama Ernesto Ror: E. Ror, para abreviar su nombre. El es mi prueba del absurdo: es un hombre absolutamente coherente en sus errores; el único ser que conozco absolutamente incapaz de tomar una decisión acertada, de adoptar una actitud correcta, de dar un solo paso en la dirección indicada. Yo misma intenté asesorarlo en su proceso de búsqueda laboral. Desde los momentos previos hasta el final, fase por fase, punto por punto: logró fracasar absolutamente en todo. Por supuesto, este hombre no existe.

—¿Pero cómo no existo, licenciada?

Como siempre que lo convoco, Ernesto hizo su aparición con voz compungida y aspecto triste.

—Así es, Ernesto: usted es una creación. No hay nadie como usted: cada rasgo, cada momento de su vida, se parecen a los de alguien, porque todos alguna vez erramos, pero nadie es perfecto, y usted lo es. Usted se equivoca siempre; usted no existe.

E. Ror sonrió halagado. Sin embargo, me contradijo:

—Pero yo me siento tan real... Recuerdo absolutamente todo lo que usted me dijo, desde el mismo momento en que entré a su oficina y nos conocimos.

—Y desde ese momento no fue usted capaz de seguir una sola de mis instrucciones... Lo primero que intenté remarcarle fue que en el proceso de búsqueda laboral hay una etapa preliminar que implica adoptar la actitud correcta para iniciar la acción.

Ernesto alzó vivamente la cabeza:

—¿Y acaso no lo hice, tal y como usted me lo indicó?

—¿Por qué no nos narra los hechos, Ernesto? Luego los señores —indiqué a mis consultantes— podrán juzgar... Comience desde que nos conocimos.

Ernesto se irguió, miró en derredor y habló, primero titubeando y luego, a medida que la historia transcurría, con más y más entusiasmo:

—A la licenciada la conocí acá, en la oficina. Vine porque... bueno, la historia en realidad empezó cuando me despidieron. ¡Yo acababa de cumplir treinta y siete años! Hubo no sé qué problema, y liquidaron a toda mi sección. ¡Qué desconsiderados: despedirme a mí después de que le había consagrado quince años a la empresa: una vida! ¿Y cómo conseguir otro puesto, a mi edad? Pedí entrevistas con mis superiores, rogué, supliqué... Al final el gerente general me dijo que no había nada que hacer, que el despido era irrevocable, pero que tenía las puertas abiertas y que fuera cuando yo quisiera, así que le tomé la palabra y empecé a ir todos los días. Para que no me olvidasen, ¿entienden? Para hablar con la gente, ver como marchaba todo... No sé qué pasó, al cabo de un tiempo me volvieron a llamar y me pidieron que dejara de ir. ¡Fue como si me hubieran despedido dos veces! Me sentí tan triste que seguí saliendo de casa a la misma hora y le dije a mi chico (porque soy viudo, con un hijo de quince) que me habían cambiado a otra oficina que tenía el teléfono descompuesto... Así no llamaba ni mi madre ni nadie, y me iba a la plaza o a un café a revisar los diarios. ¡Estaba tan mal! Me sentía huérfano sin la empresa. Y no podía hablar con nadie, porque una vez que lo contara la cosa se iba a saber, y al final se enteraría mi hijo y... ¿qué iba a pensar de mí? Así que buscaba empleo calladito, y me hacía a la idea de que cuando lo consiguiese y estuviese instalado en la oficina nueva diría simplemente: "Me ofrecieron un puesto mejor, así que acepté". Y busqué, busqué, busqué... Al final ya hubiera aceptado cualquier cosa. Lo que viniese con tal de no seguir sin nada... Y eso, después de quince años de trabajo.

—Ernesto —interrumpí dirigiéndome a todos— hizo todo lo que no se debe hacer: no rompió el vínculo con su anterior empresa, sintió el despido como una afrenta personal, se negó a dar por terminada su etapa, ocultó a los suyos su desempleo y terminó buscando puestos que no le convenían.

—Por lo que escucho —intercaló Nervioso, muy afectado por mi mirada cuando se habló de no revelar la verdad a la familia—, también el señor tenía una trayectoria larga: quince años. ¿De qué me servirá a mí una trayectoria mayor?

—Si actúa como Ernesto —respondí—, de nada. Pero si actúa bien, servirá en otra empresa. Su trayectoria no se perdió: es cuestión de hallar en todo el mercado potencial la empresa que no esté pasando por una circunstancia negativa y que necesite alguien con su trayectoria. ¿Y cuál es el modo correcto de encontrarla? ¿Mirar el diario en la plaza? ¿Eso le parece una tarea de búsqueda bien diseñada? Y en cuanto a las aspiraciones: ¿quedan satisfechas con "lo que venga"? ¡De ningún modo! Y aunque consiga un puesto, si no está satisfecho, su rendimiento descenderá. Nadie trabaja bien si está incómodo. Para que su experiencia y capacidad sean útiles usted debe apuntar su mira a un puesto igual o superior al que tenía.

—Entonces, el panorama se restringe —objetó apasionadamente el señor Nervioso—; tengo una experiencia muy particular. Estoy especializado, y por eso mismo quedo inhabilitado para ejercer la mayoría de las tareas disponibles. ¡Para identificar una empresa con una vacante de importancia en el mismo rubro en que yo me desempeñé pasarán años, por excelso que sea el diseño de la búsqueda! Tener una gran experiencia es algo negativo si uno se compara con un joven, que puede...

—Puede llegar a aceptar cualquier trabajo —corté abruptamente—, incluso el que no le conviene, el que le desagrada, el que no hace uso ni de su capacidad ni de su preparación. Puede incluso llegar a aceptar un trabajo para el que no sirve. ¿Ese es su objetivo? Si trabajó esos veinte años en una rama específica tenga la seguridad de que hay empresas que, aunque no se ocupen de un rubro idéntico al que usted maneja, podrán aplicar los procesos en que usted es experto. Todo conocimiento tiene dos niveles de aplicación: uno es específico, intransferible, detallado y sólo utilizable en totalidad en el área donde usted solía desempeñarse, otro es más general, más abarcador y puede ser llevado con provecho de un campo a otro similar e incluso no tan similar. Saber razonar gerencialmente, poder resolver problemas de forma ejecutiva, es un modo de conocimiento que se puede aplicar tanto en un laboratorio de productos medicinales como en una fábrica automotriz. Cuanto más cercanos estén los rubros, más fácil será la adecuación del conocimiento; pero en ningún caso cambiará su estilo de solución de problemas, sea en el ámbito administrativo, en el de producción o en el de ventas.

—Mi estilo —repuso con cierta melancolía mi interlocutor— era mi equipo. Yo formé ese grupo: conocía a cada uno, sabía en quién delegar, a quién confiarle cada cosa...

—Sin duda —concedí— en su cambio laboral habrá cuestas que deberá remontar por segunda vez; pero si antes consiguió armar un buen grupo, y supo conducirlo y motivarlo, lo hará nuevamente. Su estilo de conducción ejecutiva está intacto dentro de usted.

—Pero estoy tan falto de energía... —se quejó mi visitante—. Quizás debería tomar unas vacaciones y luego dedicarme a buscar empleo. Algunos ahorros tengo.

—¡Eso! —se entusiasmó Ernesto—. Se va a descansar ya, y vuelve renovado. Después uno vuelve, contesta unos cuantos avisos y espera que le caigan los llamados. Eso fue lo que yo hice.

—¿Y qué tal le fue? —preguntó desconfiado mi visitante.

—¡Estupendo! —celebró Ernesto—. El empleo que yo buscaba no lo conseguí, pero al final todo terminó bien: tuve que venir aquí, y ahora trabajo para la licenciada. Soy el test de eficacia de su sistema.

—La prueba del absurdo... —murmuré.

—Apenas ella me llama, aquí estoy —confirmó con toda inocencia E. Ror—. Lo que ella me encargue, lo resuelvo en un santiamén.

—Resuelva esta pregunta: ¿son útiles esas "vacaciones" de que hablaban? —interpuse suavemente—. Recuerde su experiencia Ernesto.

—Bien. Yo —rememoró E. Ror— estaba nervioso, tenso, irritable... Aparte de que yo no disfruté nada creo que les estropeé el descanso a mi hijo y a mi madre —Al advertir las miradas de todos, se defendió.— ¡No se puede estar bien pensando todo el día en la incertidumbre de lo que pasará cuando uno vuelva! ¡Yo compraba los diarios, respondía a todos los avisos, y nada! Y, entretanto, mis compañeros conseguían puestos que no habían sido publicados. ¿Cómo se habían enterado?

—Habrían descubierto cómo ingresar al mercado oculto —aclaré plácidamente—. Usted debió...

Pero E. Ror seguía indignado su perorata:

—¡Y nadie contestaba mis cartas! Una sola entrevista

conseguí, y el entrevistador era un terco increíble... Quería que yo resolviese unos tests totalmente inútiles. ¡Y pretendió tomarme un examen profesional! ¡Dónde se habrá visto!

La furia de Ernesto hizo reír a todos. Aproveché para recalcar:

—Hacer frente a la entrevista requiere cierta técnica.

—¡Y no sólo no me dieron el trabajo, sino que tomaron una persona mucho menos capacitada que yo! —terminó Ernesto.

—Los mejores empleos —corroboré— no van necesariamente a los candidatos más capacitados, sino a quienes mejor se desempeñan en la entrevista.

Con aire de derrota, Nervioso musitó:

—No hay salida... El empleador toma a quien le cae bien, el mercado y la coyuntura están muy lejos de mi control, la situación general es mala, y encima de la tensión y la incertidumbre, este agotamiento mío no puede aliviarse porque el descanso no me conviene. Todo depende de un golpe de suerte...

Tuve que endurecer el tono:

—Usted tiene derecho a sentirse tenso, pero no a sentir que le falta energía. Confunde usted su preocupación con debilidad, y aunque un poco de buena suerte siempre es bienvenida no debe olvidar nunca que hay a su alcance muchas cosas que puede hacer para ayudarse a obtener su nuevo empleo. Por supuesto que ninguno de nosotros tiene control sobre la coyuntura del mercado, pero ¿a qué conduce enfrentar la situación pensando en todo lo que usted no puede manejar? La mayor tensión produce mayor confusión y termina engendrando esa debilidad de la que usted se queja. La actitud positiva es enfrentar la situación pensando en aquello que usted puede controlar: la sensación interna de confianza en sí mismo; el planeamiento y desarrollo de la búsqueda; el manejo preciso de los procedimientos que un ejecutivo debe utilizar para encontrar y obtener el empleo deseado. Puede comenzar este proceso modificando esa tensión que lo debilita: *la regla número uno es calmarse para evaluar la propia experiencia.* No pueden perder esto de vista. La situación de cambio genera ansiedad, y la ansiedad genera confusión. No se puede pensar y hacer si uno está confundido. Miren, mientras íbamos hablando fui garabateando unos apuntes —levanté las hojas en las que había escrito mis notas, para que todos las vieran— y me gustaría revisarlas con ustedes para pasar en limpio una especie de pequeño vademécum para personas en situación de cambio laboral.

Consideremos estas recomendaciones:

• *Asegúrese de estar sereno.* Cualquier situación de cambio produce angustia, y el nerviosismo empeora el estrés e impide planear. Esto es especialmente necesario cuando no es uno quien ha elegido la situación de cambio, sino que le es impuesta.

• *No se avergüence de su desempleo.* Busque la ayuda de parientes y amigos. Además de obtener solidaridad, aliviará su tensión.

• *No se fugue del problema.* Usted perdió el empleo, pero tiene una nueva ocupación: buscar otro. La vacación intermedia es una fuga inútil.

• *No dude en cerrar la etapa.* No mantenga vínculos innecesarios con el pasado.

• *No se deje cegar por la afectividad.*

• *No subestime ni sobreestime.* Los excesos en la consideración de la experiencia, la capacidad y la edad son causados por el estrés.

• *No sea derrotista.* Su actitud interna determinará el éxito tanto como los factores fuera de su control.

· * * *

EL PROCESO DE LA BUSQUEDA
DE UN NUEVO O MEJOR EMPLEO

FASE I
AUTOCONOCIMIENTO →

* Realizar un sincero y profundo análisis de las razones y situaciones que lo impulsan a emprender el cambio
* Sondear la propia historia laboral
* Analizar preferencias
* Determinar intereses
* Conocer sus habilidades
* Establecer sus logros
* Evaluar alternativas
* Clarificar las metas

ELECCION DEL OBJETIVO LABORAL

FASE II
REALIZAR UN PLAN →
DE "MARKETING"

a) * Repasar las herramientas:
   1 - Currículum-vitae en un estilo propio pero llamativo
   2 - Elegir las referencias
   3 - Redactar cartas de presentación espontáneas
   4 - Planificar su cadena de contactos personales
   5 - Practicar contactos telefónicos

b) * Establecer una estrategia:
   1 - Contestar avisos publicados
   2 - Presentarse a las consultoras especializadas
   3 - Seleccionar áreas o rubros de empresas o industrias deseables
   4 - Obtener información complementaria sobre el área de mercado laboral a la que aspira

LANZAMIENTO DE LA BUSQUEDA

FASE III
PENETRAR ——————▶
EL MERCADO

> * Analizar los resultados de cada entrevista
> * Analizar la expansión de la red de contactos
> * Evaluar ofertas
> * Negociar eficazmente la concreción de una oferta
> * Iniciar una nueva o mejor función laboral

Capítulo III

¿Por dónde empiezo?

Mientras consideraban estas recomendaciones el señor Maduro intervino:

—Si me permite, licenciada —dijo con tranquilidad el señor Maduro—, creo que en nuestra reunión falta alguien que podría ser muy útil para el desarrollo de este trabajo.

Pensé: ¿qué tipo de personalidad podría dar mayor veracidad, mayor certeza a nuestro diálogo? ¿Qué ejecutivo podría yo convocar a esta conversación? Sin duda, me dije a mí misma, quien me falta es el señor Arrogante. Y es él, por supuesto, quien entra ahora en mi oficina, saluda a todos y se une a la reunión.

El nuevo personaje es también conocido: ejecutivo de una empresa mediana y sólida, con un estilo de conducta avasallador más que persuasivo, pero evidentemente eficaz. El señor Maduro lo conocía bien, como era de esperar, y, poniéndose de pie, hizo las presentaciones:

—Licenciada, el señor Arrogante. Entiendo que usted tiene de él tan buenas referencias como yo; y quizás, como a mí, la sorprenda su presencia aquí.

—No crea —sonreí—, a todos nos puede llegar el momento de cambio y todos podemos necesitar consejo profesional...

Maduro asintió:

—Exacto. La inquietud de todos los que asistimos a esta reunión es la misma: sea al comienzo de nuestras carreras —señaló aquí al más joven—, sea al final —y se indicó a sí mismo—, cualquiera puede necesitar estos consejos.

El recién llegado intervino:

—No me ha resultado fácil venir a sus oficinas, licenciada. Lo dudé largamente: dada mi forma de ser, la decisión no fue fácil. Siempre me he preciado de ser una persona autosuficiente, alguien que por sí mismo determinaba el camino a seguir, pero esta vez la encrucijada es muy seria.

—Ha hecho bien —corroboré— en unirse a nosotros, entonces. Y ha tomado usted una decisión correcta: ante una crisis laboral de importancia, la suya es una buena actitud: calma, quizás un poco reacia, pero profesional.

El señor Maduro meditó en voz alta:

—A veces es difícil, incluso habiéndose decidido a pedir consejo, mantenerse en la actitud adecuada para recibirlo..., ¿no es verdad, amigo Arrogante? Uno tiende a juzgar por sí mismo... Pero confíe en la licenciada: es una mujer de negocios, y una profesional.

Arrogante sonrió. Era un hombre más bien bajo, fornido y de complexión recia; tenía expresión orgullosa, y era evidente que le costaba explicar su situación. Dije algunas palabras de compromiso para hacer más fácil su situación y, al fin, luego de haberse sentado y dado algunos rodeos, comenzó no sin cierta sequedad:

—Seré breve, entonces. Es evidente que si estoy aquí es porque me encuentro insatisfecho en mi trabajo actual. Nada me motiva a cambiar: tengo un buen ingreso, tengo mi bienestar asegurado... Pero me aburro. Mis tareas no están a la altura de mis capacidades: la empresa en la que trabajo me está desperdiciando totalmente. Conozco bien mi valor, y quisiera estar en un puesto acorde con él. ¿Por dónde empezar a buscarlo? No tengo ninguna razón para apresurarme... Así que se me ocurrió que lo mejor era delegar esa búsqueda, y por mis informes supuse que usted podía ser la persona más apta.

Se quedó contemplándome, esperando mi reacción. Le indiqué con suavidad:

—Hay alguien muchísimo más indicado que yo: usted mismo.

Pareció sorprenderse, y continué:

—En lo que usted ha dicho hay dos elementos distintos. El primero que surge es su voluntad de delegar en mí su tarea de búsqueda. ¡De ningún modo! ¡Ni en mí ni en nadie! Si usted no está dispuesto a hacerse cargo usted mismo, a ser activo en la tarea, nada tiene que hacer aquí. Dentro de todas las posibles situaciones de cambio, presenta usted el caso que parece el más favorable: el de quien no sufre apremios; alguien que se va por propia voluntad, y no por imperio de las circunstancias. ¿Implica esto un alivio, una despreocupación? ¡No! Es tan sólo un factor que atenúa el estrés derivado del cambio laboral; pero buscar un nuevo empleo sigue siendo una ocupación en sí misma, y *absolutamente indelegable*, porque usted se moverá en ella basándose en los valores que ha acumulado en su vida profesional. Y, de todos los bienes que usted tenga, *la vida profesional, intangible, inmaterial, es el bien mayor, y el único capital absolutamente propio e inalienable.* ¡No puede perderlo, ni delegarlo! Y en cuanto al segundo elemento que detecté en sus palabras... su motivación es falsa. Dice usted que está aburrido, y por eso desea cambiar. Bien, se ha equivocado usted de medio a medio: si su hartazgo es verdadero, tómese unas vacaciones hasta que desaparezca. Está cansado, y confunde el cansancio con hartazgo.

—Pero... —interpuso asombrado el señor Nervioso— ¿no nos había usted sugerido antes que no debíamos tomar vacaciones, que la energía no retornaba a pesar de eso?

Le respondí:

—Afirmé algo muy distinto: sostengo que usted está preocupado, y confunde preocupación con debilidad. En su situación, usted tiene derecho a sentirse tenso, pero no a sentirse débil. Debe reunir toda su energía para ejercer control sobre las variables que sí dependen de usted. ¿Acaso alguno de nosotros desconoce que la situación actual del mercado laboral es difícil? Su nuevo empleo depende, hasta cierto punto, de coyunturas en las que usted no puede influir. Pero ¿a qué conduce enfrentar la situación pensando en lo que usted no puede hacer? A mayor confusión, lo que redunda en mayor tensión que le provoca ese estado que usted llama "falta de energía". En cambio, sí está en su poder modificar la tensión interna que lo debilita: de allí se deriva que mi regla número uno para usted fuera calmarse como condición para poder revalorizar su experiencia. Pero el señor Arrogante invoca ¡"hartazgo"! Eso no es una razón válida: si me hubiese dicho "no estoy conforme con el grupo", o "discrepo con los objetivos"... Pero no: habló de aburrimiento. No lo acepto como causa —y me volví hacia mi último visitante—, a no ser que sea la máscara de una verdad que usted por ahora no desea revelarme. Muy bien, pero no se engañe usted mismo. ¡Conózcase: no se engañe! Un análisis de conciencia sincero es imprescindible para efectuar un cambio laboral exitoso. Debe identificar con honradez los argumentos que lo impulsan, y luego debe ponderarlos. La sensación de hartazgo es un subproducto del estrés, que muy comúnmente se manifiesta en deseos de fuga que bien pueden disfrazarse como deseos de cambio.

Mi visitante pareció perder su apostura orgullosa. Se hundió en la silla y balbuceó:

—Es verdad... Estoy desconcertado. ¿Por dónde es mejor empezar, entonces?

—Por una descripción fidedigna de su realidad.

—Los hechos son ciertos: mi carrera es exitosa, tengo buenas perspectivas, y mi posición está asegurada por mucho tiempo. A pesar de eso, me dominan el desasosiego, la insatisfacción. Estoy sereno, me siento fuerte... y sigo inquieto.

—¿Desprecia usted su trabajo? ¿Lo siente como algo menor?

Mi pregunta lo sorprendió.

—No. Simplemente es... fácil, conocido.

—Si está sereno y fuerte, descarte el estrés; y si no hay estrés ni tampoco disminuye usted su tarea, olvide el hartazgo. ¿Qué ha ocurrido últimamente que lo llevó al punto de tomar la decisión de venir? Algo concreto.

—Yo... —dudó unos segundos, y luego dijo—: Hace poco me confirmaron la noticia. Hay una expansión, y mi gerencia tendría que hacerse cargo. Son las mismas tareas, las mismas responsabilidades, pero en mayor cantidad y frecuencia. Quedaré atado por años... Hay que tomar personal, reorganizar todo, y no preveo ni desarrollo ni cambio: simplemente, hacer más y más de lo mismo. Me dan ganas de renunciar ya, y lo haría, pero me frena pensar que sería una locura. Me portaría como un irresponsable: con mi familia, con la empresa.

¡Qué humano, qué real era su cambio de tono! Me vi en la necesidad de elogiarlo:

—Irresponsable sería si no le expresase libremente lo que siente ahora, corriendo el peligro de que con el tiempo pudiese llegar a culpar a su familia de su fatiga y su rutina, suponiendo que por ellos usted sacrificó esta posibilidad de cambio que ahora desea. Siempre es bueno ser sincero con uno mismo. Deseche esos sentimientos de amargura y acepte mi palabra: lo que a usted le está pasando no es raro. "Mal de muchos consuelo de tontos", solía decir mi abuela; pero mi intención no es consolarlo, sino incentivarlo a la acción. Usted sufre de fatiga laboral: un desgaste provocado por la rutina y el acostumbramiento. Su nivel de expectativas ha ido descendiendo, y ahora está muy bajo; y sin expectativas la vida pierde sabor. Después de cumplir diez o quince años con la misma tarea, aunque haya sido exitosamente, suele nacer el deseo de cambio. Pero quizás alcance con un cambio de estilo: puede no ser necesario abandonar ni el puesto ni la tarea...

—Lo he probado —contestó desalentado Arrogante—; yo solía hacerme cargo de todo, decidirlo todo por mí mismo. Podía hacerlo y daba resultado porque el grupo era pequeño, pero hace menos de un año que, en previsión de esta expansión que ahora se ha confirmado, comencé a ampliar el equipo y a cambiar mi modo de conducción: me hice más participativo, más proclive a delegar responsabilidades y tareas; tomé más la tarea de supervisar que la de ordenar. Dio resultado, porque habilité a la sección a manejar al menos un tercio más de los problemas que solía manejar y preparé así a mi grupo para una mayor ampliación que nos permitiese absorber los conflictos derivados de la próxima expansión. En el momento de efectuar el cambio de estilo me sentí más aliviado, sobre todo a la vista de los resultados: más de un treinta por ciento de aumento en la productividad... ¡pero ahora estoy atrapado por los efectos de ese cambio y ese logro!

—Nunca se lamente de haber alcanzado una meta —advertí—; al haber hecho lo que nos contó, usted probó su idoneidad y aumentó su capacidad y experiencia; logró un incremento de su capital laboral. Pero ¿está usted seguro de que no hay algo más en lo que usted cuenta? ¿No lo asusta, hasta cierto punto, la responsabilidad de esta expansión?

—¡Pero cómo se le ocurre preguntar eso —explotó E. Ror— un buen ejecutivo no se asusta nunca! Y si se diera la remotísima posibilidad de que pudiese sentir, lejanamente, algún recelo... en ese caso hay que reprimirlo. ¡Cómo! Los gerentes jamás dudamos. ¡Jamás sentimos incertidumbre! Y si llegase a aparecer esa sensación... ¡Hay que ocultarla! —y muy ceremoniosamente le tendió su tarjeta—. Permítame presentarme... Estoy a su servicio.

—"E. Ror" —leyó el señor Arrogante, que había escuchado la perorata de Ernesto con gran asombro.

—Todo un señor "error" —acoté risueña—, porque para un ejecutivo es malo todo lo que lo acerque al punto de ineficiencia, y el ocultamiento o la falta de sinceridad con uno mismo son factores paralizantes. No es necesario ir diciendo a voz en cuello "tengo miedo, tengo miedo"; pero sí es bueno buscar un desahogo. Aplicando criterio y sensatez, uno puede saber quién de entre nuestros familiares o amigos íntimos es la persona adecuada. Ya que la sociedad no tiene preparadas estructuras que nos permitan aliviar las tensiones nacidas de los problemas laborales, uno mismo debe buscar proveerse de los medios para ello. ¿Qué tiene de vergonzoso sentir miedo? Vergüenza es ceder a él, no sentirlo...

—Supongo que es humano —admitió mi interlocutor— que a uno lo invada cierta aprensión frente a un desafío importante.

Hubo un silencio. Ernesto pareció asombrado; los demás hicimos gestos comprensivos. Dije:

—Ahora que ha reconocido el miedo es el momento de aquilatar su trascendencia. Existe, sí; ¿pero es el factor decisivo de su decisión? Si lo es, váyase de vacaciones. Con desahogo, descanso y apoyo de su gente de confianza lo vencerá. Pero si no lo es, actúe. Si más allá del miedo subsiste el deseo de cambio, entonces sí hay un motivo de calibre real, porque está afectado el objetivo laboral primordial.

—Lo que Cristina quiere decir —quiso ayudarme Ernesto— es que usted tiene que enfrentar el desafío para averiguar la verdad.

—¡No! Al contrario: nunca intente resolver un problema por mero desafío, por no aparentar que cedió al miedo: puede ser ineficiente...

—Y ahí fallaría al objetivo primordial de un ejecutivo: ¡ser eficiente! —concluyó triunfal Ernesto.

—Es un importante objetivo —concordé—, siempre que no se pierda de vista que el fin último es buscar una situación donde la felicidad y realización personales sean posibles en grado máximo: por eso el mejor trabajo para uno es aquel en que mejor nos sentimos; la seguridad de abastecimiento material, la retribución en dinero, no es bastante. Eficiencia y realización van de la mano: no se puede trabajar bien forzándose uno mismo. Nuestro lema debe ser: "Como persona, merezco un trabajo que me haga sentir contento".

—Usted ahora remarca la importancia de la persona con derecho a ser feliz —se quejó Nervioso—, pero antes me aconsejó considerarme un producto, un objeto.

—Ambas cosas —expliqué— son compatibles cuando uno considera la dificultad del mercado laboral actual. Si uno tiene un problema complejo, lo primero es saber por dónde comenzar; y no es tan fácil conocerse uno mismo y respetarse. Para lograr un puesto que nos satisfaga, debemos intentar percibir más allá de lo aparente. Somos elementos de un sistema de producción, industria y comercialización: en ese sentido, podemos considerarnos objetos. Eso no nos disminuye, porque seguimos teniendo sentimientos y objetivos de vida para cumplir. ¡Pero sin un análisis honesto erramos el camino! El señor Arrogante primero necesitó admitir que el miedo estaba allí; y luego determinó que, aunque existía, era otro el verdadero motivo de la desazón. Descartar las actitudes y sentimientos que enmascaran la realidad es difícil... ¡y también usted debe hacerlo! Su angustia le impide entender: descártela. ¿Y qué hay detrás de su angustia? Una profunda desvalorización. ¿Por qué no entiende usted en qué términos le pido que se considere a sí mismo como un producto para ser reubicado en el mercado? Porque usted se está viendo a sí mismo como un producto desechado, tirado a la basura por inservible. ¡Descarte ese sentimiento! No deje que su autoestima se disminuya y véase como un producto digno de reubicarse.

—No veo cómo empezar a hacerlo... —repuso Nervioso—. Quiero, pero...

—Acaba de empezar con sólo proponérselo —lo tranquilicé—; ahora continúe con un autoanálisis. Determine qué es lo que quiere en verdad, y en profundidad; luego fije sus metas, y finalmente busque el curso para llegar a ellas. Saber quién es uno permite evaluar qué quiere hacer, y en qué entorno quiere hacerlo. Esta es la primera fase de la respuesta inteligente ante una situación de cambio. Hay que mirar hacia atrás, al pasado. Aquí mismo hemos visto que hay varios motivos para desear un nuevo empleo. ¿Cómo hacer para determinarlos? A veces parecen muy evidentes, pero...

—¡A veces los son, Cristina! —interrumpió vehemente Ernesto—. A mí, por ejemplo, me echaron porque alguien me había serruchado el piso. Quién quería mi sillón no lo sé, porque al mes de irme yo liquidaron mi gerencia, pero estoy seguro de que fue por malevolencia de alguno que me sacaron a mí.

—¿Hizo los ejercicios de autoanálisis que le di, Ernesto? —pregunté tratando de parecer inocente. Conocía la respuesta:

—No. ¿Para qué? Si yo sabía por qué me despidieron...

—El señor E. Ror nos acaba de proporcionar un ejemplo de cómo no descubrir jamás la verdad: atribuirlo siempre todo a factores ajenos a uno y negarse a admitir la posibilidad de que haya otros factores, dependientes de uno mismo.

—¿Quién quiere reconocer que la culpa es de uno? —protestó Ernesto.

—¿Para qué hablar de culpa —retruqué—. Mejorar de situación, aumentar los ingresos, casarse, avanzar en la carrera... Son todos motivos lícitos y válidos.

—Pero, al fin y al cabo, ¿por dónde se empieza? —apremió Nervioso siempre fiel a sí mismo.

—Aquí tengo una pequeña lista que podemos desarrollar. —Levanté el papel en que había ido anotando ciertos títulos—. Véanla.

La lista decía:

• Determinar los propios logros y habilidades laborales.

• Establecer una estrategia de búsqueda.

• Planificar un plan de marketing.

• Preparar herramientas para instrumentar la búsqueda.

• Entrenarse para las entrevistas.

• Prepararse para la negociación.

Cuando el papel hubo circulado lo suficiente, aclaré:

—La lista no pretende ser exhaustiva, pero observen que se puede interpretar muy fácilmente en términos de oferta y demanda, tomando a cada uno de ustedes como un producto... sin los temores del señor.

—Cristina —interrumpió inquieto el señor Arrogante—, creo que está usted hablando de conceptos que no tengo claros... yo no estaba cuando ustedes...

—Es una respuesta a ese "¿por dónde empiezo?", amigo mío. La fase inicial de la búsqueda consiste en hacer las elecciones pertinentes para...

—¡Apurarse a buscar empleo! —gritó Ernesto, y ante mi mirada de reproche aclaró acobardado—: Y, como dijo que irse de vacaciones estaba mal...

—Lo que recomiendo es no perder tiempo, señor E. Ror —susurré—; pero siempre aplicar lo que Napoleón le decía a su valet: "Vísteme despacio, que estoy apurado". Planear y ordenarse no es algo que se pueda hacer a las apuradas. Por eso pido calma y serenidad. Y luego, ir por pasos: primero, definirse con claridad uno mismo: saber quién se es.

—Aclare este punto —pidió el señor Maduro.

—Esto es, ¿qué cualidades tiene usted que le serán útiles y atractivas a un presunto empleador de su agrado? Esas cualidades son intereses, cualidades y experiencia adquirida. Luego vamos al segundo paso: ¿dónde habrá demanda para usted, considerado como producto? O sea, encontrar el punto del mercado donde sus intereses, aptitudes, capacitación y habilidad hacen falta... Y esto implica el tercer paso: una política de comercialización adecuada. ¡Hay que estar en el lugar exacto en el momento exacto! Plantéenselo de esta manera: ¿cuál será la mejor forma para encarar su entrada en el mercado para que sus oportunidades sean óptimas?

—Y... si el diario no... —musitó Ernesto—, entonces habrá que ir viendo. Según aparezcan las cosas, ¿no? Eso entendí yo...

—Hay que armar una estrategia caso por caso —aclaré—; pero eso no significa "improvisar". Y el cuarto paso, cómo hacer contacto con el empleador. ¡La primera impresión es fundamental! ¿Por escrito? ¿Por teléfono? ¿Personalmente? Aquí aparece el instrumento fundamental: el currículum.

—Son tan aburridos de hacer... —protestó Ernesto.

—Pero sin ellos difícilmente se consiga una entrevista, y sin entrevista no hay empleo. Y he aquí el último paso: la tan deseada y tan temida entrevista. ¿Qué se hace, qué se dice, cuándo y cómo se discute el tema salarial?

—Demasiadas preguntas sin respuesta —acotó el señor Nervioso.

—¡Otra vez su actitud derrotista! Eso no lo llevará a ninguna parte. Todo esto que le estoy diciendo es útil: planear es arduo, estoy de acuerdo, pero resulta imprescindible.

—¿Me deja ver sus notas? —pidió imprevistamente el señor Maduro—. Observé que mientras usted habla va escribiendo, igual que hizo antes...

Les echó una ojeada, y me las devolvió aconsejándome:

—Páselas en limpio, Cristina. Pueden ser útiles a mucha gente.

1) *La tarea de búsqueda es indelegable*. Usted puede ser ayudado, pero nunca suplantado.

2) *Aclare si su motivo es válido*. Es fácil confundir la necesidad de cambio con el deseo de fuga nacido del estrés. Un motivo válido siempre afecta su objetivo laboral.

3) *El autoanálisis es imprescindible*. La propia identidad fija las metas, y de ellas deriva el curso de acción.

4) *El planeamiento es primordial*. En ese planeamiento hay partes perfectamente delimitadas, que deben ser manejadas inteligentemente.

También entre mis notas había algunos ejercicios.

Lo invito, querido lector, a realizarlos ahora, como si Ud. fuera parte integrante de mi imaginario grupo de consultantes.

* * *

CONOZCASE USTED MISMO

a) Después de terminar sus estudios, ¿qué continuó le-yendo?

....

....

b) Si trabajase tres días por semana, ¿qué querría ha-cer los otros cuatro?

....

....

c) ¿Por qué habilidades o rasgos lo felicitan?

....

....

d) ¿Qué admira usted en su propia personalidad?

....

....

e) ¿Qué rasgos de su personalidad desearía cambiar? Enumere tres.

....

....

La carrera laboral a través del tiempo

Tradicional

Era como un **TREN** que circulaba sobre rieles, nos llevaba, paraba en ciertas estaciones (promociones y otros cambios dentro de la misma empresa), para continuar hasta la jubilación.

Moderna

Es/era como un **ÓMNIBUS** que nos llevaba por la ruta, llegaba a ciertas encrucijadas en las que se decidía tomar el de otra línea (cambio de empresa) y se retomaba la ruta y así continuaba hasta el fin del camino.

Año 2000

Ha comenzado a ser, a fines de los noventa, y continuará siendo, "in crescendo", como un **VEHÍCULO TODO TERRENO** manejado por uno mismo. Transitará por rutas o por terrenos escarpados y desconocidos y el conductor será el responsable de guiarlo. El tendrá los mapas, la brújula y decidirá adonde desea ir.

Qué buscan las empresas

✔ Iniciativa

✔ Liderazgo

✔ Orientación a los resultados

✔ Adaptabilidad

✔ Visión a largo plazo

✔ Capacidad de trabajo

✔ Alto standard ético

✔ Ganas de aprender

✔ Polivalencia

✔ Idiomas

Características más buscadas por los empleadores

✔ Compromiso con la tarea
✔ Independencia de criterio

✔ Adaptabilidad
✔ Comunicación

CARACTERÍSTICAS PERSONALES

✔ Creatividad
✔ Capacidad para la toma de decisiones

✔ Trabajo en equipo
✔ Valor agregado

Qué valoran los empleadores

Resultados monetarios

Buena disposición

CUALIDADES IDEALES

Buena presencia

Manejo de relaciones interpersonales

Perfil gerencial del 2000

ANTES	AHORA
Muy distante	Buena integración con la gente
Falta de contacto con la trinchera	Team player
Autosuficiente	Orientación al cliente
	Innovador y participativo
Sabelotodo	Estilo de pensamiento analítico
	Generalista
	Orientado a la acción
	Integro
Jefe	Líder

Capítulo IV

¿Quién? ¿Yo?

En estos largos años de consultora he descubierto que más de una vez el cumplimiento de mi tarea me lleva a conocer estilos de vida, caracteres y rasgos peculiares: he aprendido a respetar a cada uno, teniendo como parámetro sólo su profesionalismo, su posible adecuación al puesto y la determinación del mejor puesto para esa personalidad, lo que me ha hecho desarrollar como capacidad profesional el análisis del carácter de quien me consulta. Pero esta facultad no es de ninguna manera esotérica: es una resultante de la práctica, y he podido sistematizar la manera en que la adquirí, de modo tal que hoy puedo transmitir ese conocimiento e ir delimitando puntos y elementos de análisis que, por experiencia, sé que en muchos casos han clarificado el rumbo a elegir.

El primer punto que debemos tener en claro es que la realización de la personalidad, una de las formas de la felicidad a la que hoy puede aspirar el ser humano moderno, se alimenta de la obtención del éxito. Quien me consulta, consciente o inconscientemente, piensa que su camino hacia el éxito está trabado y busca ayuda para remover el obstáculo. De mis conversaciones y entrevistas surgieron una serie de preguntas que no sólo determinan cuál es ese obstáculo, sino que por el mero hecho de ser formuladas ayudan a despejar el camino; y que si logran respuestas que sean honestas y sinceras, tal como lo hemos explicado antes, marcan la apertura del camino y la prosecución de una carrera exitosa.

De ningún modo puedo ofrecer garantías: nada en las disciplinas de la conducta humana está "garantizado" al modo de una máquina de alta sofisticación; pero sí puedo aseverar que son una ayuda eficaz, estadísticamente válida. Por eso, en otro momento de esta figuración de imágenes que me han ayudado a componer el libro, contesté al señor Arrogante que el mejor especialista en la tarea era él mismo: ocurría tan sólo que necesitaba aprender los modos de ejercer su potencialidad. Esto es lo que ofrezco en este capítulo: que usted, *lectora, lector*, aprenda un método que lo conduzca a poder despejar su camino al éxito en este proceso de la búsqueda laboral.

Una primera pregunta clave es:

—*¿Qué es lo que realmente quiero?*

Preguntarse "cómo conseguiré un empleo mejor" no es clave: los modos de obtener algo deben determinarse después; primero hay que saber con certeza qué es ese "algo" que se desea obtener. Si no es así, es probable que la voluntad nos falle en algún momento de la búsqueda, porque en lo profundo no deseamos intensamente aquello por lo que nos estamos esforzando; y lo mismo ocurrirá si no sé qué es lo que realmente deseo.

Una segunda pregunta clave es:

—*¿Dónde realmente me gustaría trabajar?*

Un puesto conveniente, pero que no satisfaga el deseo, quizás pueda ser aceptado, incluso buscado, por comodidad o urgente necesidad, pero otro puesto quizás levemente menos remunerativo, pero realmente deseado, me hará cumplir los pasos del proceso de la búsqueda laboral con un ardor que es buen pronóstico para conseguir el empleo.

También son preguntas claves:

—*¿Para qué clase de empresa me gustaría trabajar?*
—*¿Cuál es la posición que deseo?*
—*¿Qué puesto y qué salario deseo?*
—*¿Dice claramente mi currículum lo que yo puedo ofrecer?*
—*¿Soy consciente de la importancia que tiene la primera impresión en quien puede ser la llave de mi camino hacia el puesto que deseo?*
—*¿Estoy suficientemente preparado para buscar empleo?*
—*¿Sé buscar empleo?*

Estas dos últimas preguntas, con su aparente simpleza, son de las más difíciles con que me he encontrado. La preparación implica tanto la actitud mental, en la que ya mucho he insistido, como las actividades y ejercitaciones concretas que propongo; y muchas veces, cuando se consigue una actitud mental correcta, se desechan erróneamente las actividades y ejercicios por el mero hecho de que ese "¿sé buscar empleo?" está ya implícita e inconscientemente contestado por un "por supuesto", que es una de las frases más engañosas para quien está en búsqueda laboral.

Otras preguntas claves:

—*¿Puede quien me entrevista darme el empleo?*

—¿*Pedí el empleo en mi entrevista?*

Es notable la cantidad de veces que, al conversar con un postulante que ha vuelto muy satisfecho de una entrevista laboral, descubrimos en el análisis posterior de ese encuentro que ha omitido solicitar concreta y claramente el puesto: y esto puede ser interpretado por el entrevistador como una falta de interés o un descuido que pintan desfavorablemente la personalidad del postulante.

—*Además de dar información, ¿hice algo para obtener ese empleo?*
—¿*Estoy haciendo un seguimiento correcto de las alternativas y ofertas?*
—¿*Estoy haciendo un seguimiento correcto de las entrevistas?*
—*Si han pasado ya tantos meses, ¿sigo deseando cambiar de empleo?*

A veces la situación crítica ha pasado durante la búsqueda, y un empecinamiento o un acostumbramiento impiden que el interesado exprese o reconozca su satisfacción con la nueva situación: en realidad, hay que hacer un nuevo autoanálisis que corrija el anterior.

La pregunta que, en mi experiencia, es la clave entre las claves, reza así:

—¿*Tengo aptitudes para ser exitoso en el trabajo que estoy buscando?*

Como puede verse, todas estas "claves" giran sobre la autodefinición y la evaluación honesta del propio desempeño.

Imaginemos ahora, en esta conversación entre usted y yo, que se produzca esa situación indeseada pero tensa en la que la mera existencia de este libro se fundamenta: la crisis y la necesidad de cambio laboral. El proceso de búsqueda está comenzando; usted viene a consultarme, ya con la actitud mental de predisposición que le he descrito. Me ha presentado usted su problema y me ha descrito su situación. Esta es, en ese diálogo imaginario, mi respuesta:

—Puedo prestar asistencia, según usted lo desea; lo ayudaré a explorar nuevas ideas y perspectivas originales, y buscaré ofrecerle estrategias plausibles junto con métodos de enfoque e introspección; con mi ayuda, usted mismo hará los descubrimientos que lo conduzcan a su meta. Pero se necesitará una dedicación máxima para aumentar la confianza en sí mismo; necesitaré su total colaboración. Usted deberá preguntar, ejercitarse y no confiar en su suerte: sin duda, un toque de buena fortuna siempre es bienvenido, pero debemos tener en primer plano aquel dicho de "Ayúdate a ti mismo". Dividiremos el proceso de preparación que conduce al logro de su nuevo empleo en diversos pasos.

PRIMER PASO: ¿TIENE UNA BUENA ACTITUD MENTAL?

—La meta es el nuevo empleo. ¿Está usted en buena forma, concentrado en su rumbo? Hay dos tentaciones que debe evitar: dejarse llevar por los acontecimientos, y dejarse ganar por la depresión. Si antes pudo conseguir logros, también ahora puede hacerlo: la situación puede ser distinta, pero usted es la misma persona.

Es posible que usted me replique así:

—Es que en mi viejo empleo yo me levantaba cada mañana con la seguridad de que, salvo pequeños detalles y cambios circunstanciales, me encontraría con caras conocidas, reacciones y personalidades familiares.

Lo conocía todo: sitio, gente, trabajo, rutina. Siento que he perdido mi lugar.

—Usted tenía —respondo yo al escuchar lo anterior— un intenso sentido de pertenencia al grupo, y el despido le ha causado un vacío al arrancarlo del grupo. Pero no ha perdido ni su coraje, ni su energía, ni su imaginación...

—Eso es verdad —reconocerá usted—; pero no sé qué hacer con tanto tiempo libre.

—La actividad le daba un sentido a su tiempo, ocupaba su energía, le ampliaba la mente —resumiré yo—; y le daba una identidad, un quién soy, junto con un para qué. Sus puntos de sustentación eran:

* El grupo de pertenencia, o sea, su equipo de trabajo.
* Las actividades que canalizaban su energía.
* Las metas y triunfos que planteaban esas actividades.

En resumen:

Su identidad se apoyaba en su empleo, y ahora siente...

---

* *conmoción*
* *descreimiento*
* *enojo*
* *ansiedad*
* *depresión*
* *humillación*
* *culpa*
* *temor*

Y todo esto se producirá, por supuesto, si usted gustaba del empleo perdido; porque de no ser así, al principio usted sentirá un alivio intenso. ¡Pero cuidado! Esa será la sensación inicial: por debajo, la gama de emociones negativas seguirá actuando, y cuando aflore puede paralizar su búsqueda laboral. Esta identificación de la persona con el trabajo es un hecho cultural propio del mundo moderno, así que conviene que, como defensa contra las sensaciones negativas, tenga en mente estos axiomas:

1) *Yo no soy mi empleo. Mi empleo es un objetivo.*
2) *Mi objetivo debe ser definido y satisfactorio.* Esto es, debe ser el puesto donde yo utilice al máximo mis talentos.
3) *Para alcanzar mi objetivo cuento con:*

— ENERGIA
— IMAGINACION
— CONSTANCIA
— CORAJE

Estas fueron las virtudes que le dieron su empleo anterior, y le pertenecen a usted, no al empleo: ninguna circunstancia de despido o crisis puede quitárselas. Si usted siente que no las posee, eso es una ilusión, una idea falsa nacida del complejo de emociones negativas de que hablamos antes.

Ahora podemos ir al

SEGUNDO PASO: ¿SÉ QUÉ QUIERO LLEGAR A SER?

El axioma básico en este paso, que es de lo más costoso, reza así:

Para planear mi futuro debo conocerme. Tanto en lo positivo como en lo negativo; saber de qué soy capaz y de qué no; saber qué sé, qué puedo aprender, qué desconozco, y qué no deseo aprender. Todo esto debe ser planteado con la máxima sinceridad. Este paso de la autoevaluación implica dos facetas:

— Revisar la propia trayectoria hasta hoy, y
— visualizar la trayectoria futura.

Para revisar su trayectoria hasta hoy, piense:

* Experiencias que tuvo, y qué le dejaron.
* Qué necesita y desea usted.
* Qué es lo primero que necesita (esto es, un orden de prioridades: separe lo importante de lo urgente, y no se olvide de que lo urgente va primero, pero lo importante no es de desdeñar jamás).
* ¿Cómo andan sus finanzas? (Este punto determina en buena parte la diferencia entre lo urgente y lo importante, así que puede pensarlo junto con el punto anterior.)

Para visualizar su trayectoria futura, compare dos puntos: sus *Objetivos profesionales* y sus *Necesidades actuales.*
No compare con lo urgente, sino con lo importante. Y los objetivos, las metas, que satisfagan lo nuevo, lo de hoy: no compare con su vieja identidad, con lo que tuvo antes; piense en lo que quiere tener. Esto lleva al

TERCER PASO: ¿SON CLAROS Y EVIDENTES MIS OBJETIVOS?

¡Por supuesto que muchísimas personas en búsqueda laboral piensan que esto es perder tiempo! Pero no: más vale que antes de presentarse pueda usted definir sus objetivos con claridad y presentarlos con más claridad todavía. Uno supone que los demás saben lo que buscan, pero generalmente no es tan así... ni tampoco al revés. Haga tres cosas:

* Piense en su empleo anterior. Piense en sus aspectos más satisfactorios. Páselos a formar parte de sus objetivos.

* Piense en las opciones lógicas disponibles. Descarte lo deseable que no esté en plaza; descarte lo ilógico y lo imprevisible (aunque siempre puede ocurrir). Lo que queda intégrelo en sus objetivos.

* Piense cómo será, concretamente, su empleo: industria u organización, tarea, rango, lugar físico, atmósfera de trabajo. Dése el gusto de soñar con el mayor detalle posible: pero hágalo con lógica. Sueñe cosas verosímiles, no imposibles. Cuando tenga un buen cuadro mental, incorpórelo a sus objetivos. Ahora es el momento:

Sus nuevos objetivos tienen un perfil bien definido

Y ahora ¡preséntelos! No espere a que le pregunten; diga lo que usted quiere. Es preferible que usted busque un empleo a su medida no que el azar le imponga un empleo que le quede grande por aquí y apriete por allá.

Ahora es el momento de formular la pregunta característica del

CUARTO PASO: ¿CÓMO ENTRO AL MERCADO LABORAL?

¡Hay que planear una buena estrategia de mercado, para poder "venderse" bien! En general, hay dos grandes orientaciones que se pueden adoptar en esa estrategia... ¡Y lo mejor es intentar las dos! Sobre todo porque las oportunidades de empleo tienen una cierta tendencia a ser tramposas y a esconderse: hay todo un conjunto de empleos que solemos llamar el "mercado oculto", y un buen buscador planea su estrategia tomándolo en cuenta. Aquí están las dos líneas posibles de esa estrategia:

a) *Orientación personalizada:* Súmamente útil para hallar oportunidades que usted desconoce, o que no están bien publicitadas, o de las que solamente unos pocos tienen noticia. Busque conectarse con quien pueda tener conocimiento de algo que coincida con sus objetivos: esto es, algo adecuado a quien usted es y a lo que usted quiere. Pero este contacto es personal, así que no puede abordar de igual modo a todos. A uno será mejor hablarle por teléfono, a otro pedirle una entrevista, al que es rígido hay que persuadirlo, al que es amigo, tan sólo hacerle una insinuación... el método de aproximación depende del individuo.

b) *Orientación abstracta:* Hágase una lista, lo más exhaustiva posible, de las empresas o industrias en las que usted potencialmente sería un buen elemento. Si conoce a alguien en ellas, pase instantáneamente a la orientación personalizada. Si no, tendrá que redactar una carta o un currículum adecuado, dirigido a los ejecutivos directores de esa empresa o industria, y mandarlo. A veces convendrá hacer ambas cosas a la vez.

Y EN TODOS LOS CASOS:

Muestre con espontaneidad lo que tiene en su haber (logros) y lo que es capaz de hacer (habilidades).

Ahora vuelva al paso uno, constate que usted es usted y no su empleo anterior, constate que usted tiene energía, coraje e imaginación, constate que los sentimientos negativos no lo están saboteando, dése una repasadita a los pasos dos, tres y cuatro, y avance un paso más.

(Como ésta es una conversación entre usted y yo, puedo advertirle que lo que hemos decidido llamar "orientación personalizada" ha sido más de una vez malinterpretada por ciertas tendencias, muy humanas, pero que en general son disfraces de esa gama de sensaciones negativas que son un obstáculo en nuestro logro del nuevo objetivo. Este personaje "E. Ror", que suele poner la nota de humor en nuestros diálogos imaginarios, está construido —como usted, querido lector, ya habrá supuesto— con observaciones de muchos seres humanos muy queribles, muy reales. Un "Ernesto Ror" que conocí, al llegar a este paso de la comercialización, intentó movilizar contactos familiares: a través de su mamá, antigua compañera de escuela de la madre de cierto empleador, trató de establecer un contacto con "orientación personal"... Obviamente, el intento fracasó. E. Ror había entendido "personal" confundiéndolo con "afectivo", cuando en este caso el uso del vocablo es literal: *tratar de abordar al empleador de persona a persona,* pero siempre en el marco de lo laboral y de la propia eficacia en lo laboral. Sin lugar a duda, cualquier paso de la comercialización con orientación personal será más fructífero que con una orientación abstracta; pero el criterio que debe regir para "personalizar" la relación ha de ser siempre serio y laboral.)

Procedamos al

QUINTO PASO: ¿CÓMO PRESENTARSE EN LA ENTREVISTA?

El asunto no sólo es ser profesional, sino parecerlo. Acuérdese de cuando entrevistaba subordinados: usted se sentía un microscopio, y el otro estaba bajo examen. *Ahora la cosa es al revés.* Pero usted sabe cómo es estar del otro lado del escritorio, y eso le tiene que dar una gran confianza en sí mismo: sabe que lo que buscan es profesionalidad, y si no la buscan es a usted a quien no le interesa el empleo. Pero como todos somos humanos y esto de buscar empleo es una carrera de resistencia, prosigamos con el entrenamiento. Como decía aquel sabio, "el triunfo consta de un diez por ciento de inspiración y un noventa de transpiración", así que...

¡Practique!

— *Practique:* ¿Cómo manejar los diferentes tipos de entrevistas?

— *Practique:* ¿Cómo responder preguntas difíciles en una entrevista?

— *Practique:* ¿Cómo identificar las necesidades del entrevistador?

— *Practique:* ¿Cómo identificar —y neutralizar si es necesario— el estilo personal del entrevistador?

Como ya será evidente a esta altura de la conversación, gran parte de lo que aconsejo hacer se rige por este axioma:

Conseguir la entrevista es importante, pero ir bien preparado es más importante todavía

Por eso, cuando más se siente la presión de salir en busca de un nuevo empleo, más debe imponerse la disciplina de salir sólo cuando esté en óptimas condiciones: debe estar tranquilo, ser sistemático, y disminuir su ansiedad.

Me resta aún una advertencia que hacerle, aprovechando la confidencialidad de este diálogo entre usted y yo: todos tenemos amigos o conocidos que se interesan por nuestra situación, algunos se especializan en frases y observaciones que suenan casuales, pero que pueden resultar muy hirientes, y que no deben tomarlo desprevenido para evitar que derrumben el trabajo de preparación psicológica y metódica que usted está haciendo. Son las que a veces llamo "frasecitas criminales", porque aun cuando no sean dichas con mala intención dañan si uno no está precavido contra ellas. Una muy típica es la pregunta: *"¿No te aburrís sin trabajo?"*. Esto puede reforzar los sentimientos de inseguridad, así que conviene responder así:

—Imposible aburrirme: estoy muy ocupado, dándome a mí mismo una preparación para la búsqueda. Estoy meditando sobre mis propios valores y mi futuro; mi visión de mí mismo y mis valores es más abarcadora. Gracias a esta ocupación de hoy, mi puesto de mañana será tan bueno o mejor que el anterior.

Otra frase es la inocente: *"Dale, ayudáme, si no tenés nada que hacer"*, que puede implicar la pérdida de unas horas, quizás una tarde, quizás un día de búsqueda y preparación, sin mencionar la desconcentración mental que produce el hecho de enfocar las necesidades de otro y desplazar las propias. Conviene responder:

—Tengo mucho que hacer: estoy empleado por mí mismo para la tarea de conseguir un nuevo empleo. Necesito efectuar una presentación personal óptima para que las oportunidades no se escapen: eso insume todo mi tiempo.

Y como una variante de esta frase es: *"Hasta que no te salga un nuevo empleo, no tenés nada que hacer"*, recuerde responder:

—Los empleos no "salen": uno los produce para sí mismo. Prepararse y ofrecerse, determinar los propios objetivos, es obligar a los empleos a que "salgan": sin dedicación no puedo aspirar a mucho.

Una tercera frase contra la que debe estar precavido es: *"Aceptarás lo primero que aparezca, supongo..."*. Porque siempre existe la tentación de aceptar esa primera oferta, de modo que la tensión del desempleo concluya, pero usted debe repetirse a sí mismo que su meta es tratar de obtener más de una oferta laboral, para que su campaña dé su máximo fruto: permitirle recomenzar la carrera profesional de acuerdo con sus objetivos. Por supuesto, puede ocurrir que la primera oferta coincida con esos objetivos, y entonces debe aceptársela sin hesitar, pero también sin apresurarse, dándose tiempo a examinarla y comprobar que realmente nos satisface.

Procedemos ahora al

Sexto paso: ¿Cómo negociar?

Porque con una buena teoría y una buena práctica (intente, ejercite, siga los pasos) finalmente tendrá uno o más ofrecimientos, y quizás más de uno a primera vista parezca bueno, y... ¡y no hay que marearse! hay que *tener armada una estrategia para negociar*. Y como "tres cosas hay en la vida, salud, dinero y amor", también hay tres puntos en la estrategia...

Punto uno: El ofrecimiento debe satisfacer la propia necesidad. Si no lo hace, aceptarlo será insalubre. (Salud...)

Punto dos: El salario. Usted debe saber cuánto pedir y cuánto aceptar, y en qué condiciones. (Dinero...)

Punto tres: Estudie el ofrecimiento del derecho y del revés, de atrás para adelante, búsquele recovecos. *Conózcalo*: si no, puede haber sorpresas desagradables. Un buen conocimiento hace a una larga permanencia juntos de empleo y empleado. (Amor...)

Y una vez que usted haya armado un bonito triángulo con cada uno de estos puntos como vértice, usted habrá armado su estrategia de negociación y podrá dar el último paso:

SÉPTIMO PASO: ¿CÓMO ENFRENTAR EL NUEVO PUESTO?

La meta. La llegada. Fin de la carrera. (No de la profesional, sino de la cacería de empleo... ¡Ahora empieza otra etapa de la carrera, justamente! Y ¿cómo la empezamos?). A este paso, en realidad, habría que llamarlo "entrar con buen pie". Y como en muchas cosas, debe pensarse en qué se apoya uno, qué esperar de los demás, y qué esperan los demás de uno, así que...

* Revise su historia personal. Habrá unas cuantas cosas que no quiere volver a hacer ("errores", que les dicen), y otras cuantas que vale la pena repetir ("aciertos", "logros", "triunfos": todos nombres para decir que esa vez uno la "pegó"). Saber diferenciar lo uno de lo otro es sacar provecho de la experiencia pasada. Hágalo.

* Mire en derredor: jefe, directorio, subordinados, a todo y a todos. Hay que rearmar con urgencia un sentido de pertenencia: hay que armonizar. "Sintonizar" la onda: que no haya ruidos ni chirridos ni molestias; que el sonido entre claro y rotundo. Piense lo que esperan de usted, y responda según su personalidad en armonía con lo que ellos esperan. ¡Buena onda, buena onda! Y no pensar que el grupo de pertenencia es la propia identidad: eso ya lo vimos en el paso uno. Si esto no está claro, vuelva a aquella página. Pero si usted ya está dando el paso séptimo, entonces estuvo claro.

Siempre en la primera fase de la búsqueda de un empleo —como lo muestra el gráfico de la página 40— la indagación de nuestra historia laboral, habilidades y realizaciones es un paso decisivo. La actitud mental es la base, y debe estar sólidamente orientada hacia lo positivo.

— *Buscar trabajo es un trabajo en sí. Requiere responsabilidad. No improvise ni se abandone.*

— *Revise su historia y personalidad. Muy poca gente se conoce a sí misma a fondo.*

Qué mostrar en la entrevista

✔ Habilidades para

Aprender rápido

Investigar

Resolver problemas

Comunicarse con otras personas

✔ Deseos de probar cosas nuevas

✔ Alto grado de entusiasmo

✔ Buena relación interpersonal

✔ Iniciativa

También aquí puedo ofrecerle una serie de ejercicios. Uno que contribuye notablemente a afianzar la identidad es el "Inventario de Vida". Es una enumeración meditada de ambiciones, ventajas, capacidades y limitaciones. No es exhaustiva ni excluyente, así que un mismo ítem puede repetirse o superponerse con otro en diversas categorías:

Inventario de vida

MIS EXPERIENCIAS CUMBRES

No son los momentos más placenteros, sino aquellos que más lo han motivado, aquellos en que usted se sintió vivo, en plenitud. Enumérelos:

....
....
....
....
....
....
....
....

Agregue renglones hasta agotar esos clímax de su vida. El mero ejercicio de ir recordando lo incentivará para clasificar luego sus habilidades, sus capacidades, sus limitaciones y determinar sus deseos: esto es, podrá completar su inventario. No deje cerrado este ejercicio; al finalizar la lectura del capítulo V podrá rehacerlo y, a la luz de la totalidad de su tabla de valores, su historia de vida y este inventario provisorio, es probable que lo pueda alterar, agregar o corregir. Su conocimiento y seguridad en sí mismo se irán afianzando gradualmente.

LAS EXPERIENCIAS CUMBRES QUE ECHO DE MENOS

Enumere lo que le hubiera gustado que sucediera y no sucedió:

....
....
....
....
....
....
....
....

Agregue renglones si es necesario.

LOS VALORES QUE DESEO ALCANZAR

Enumérelos: recuerde que la mayoría son intangibles, pero no todos, y que "valor" cambia de significado según la persona. Agregue renglones si es necesario:

....
....
....
....
....
....
....
....

Al finalizar el capítulo V, revea estos ejercicios y rehágalos si es necesario.

Capítulo V

Una buena preparación evita errores

Volvamos ahora a convocar a todos esos amigos de los que tanto aprendí y de los que tanto podemos aprender todavía. Al señor Nervioso, al señor Maduro, al joven, al señor Arrogante... y a nuestro inefable E. Ror. Volvamos a esa conversación entre todos; que es, en realidad, una conversación entre usted y yo. Supongamos que todos ellos han ido siguiendo estas observaciones atentamente. Estamos en mi oficina: ellos están sentados, hojeando mis apuntes, repasando los ejercicios que ellos, como usted, están haciendo para conocerse. Están concentrados: pero el joven, como si estuviera en una clase, levanta la mano y pregunta:

—Licenciada, toda su teoría está muy bien, pero... ¿le molesta? Yo... yo desconfío. ¿Para qué sirve tanta preparación? Yo fui medalla de oro: promedio nueve veinticinco, y créame que fue bien difícil. Entré a mi compañía y todo el mundo contentísimo, y "te vas a acostumbrar" por aquí, y "se encontrará cómodo entre nosotros" por allá, y no habían pasado ni dos meses cuando suena el intercomunicador y una voz dice: "Prepare un análisis proyectivo de los próximos tres meses. Súbalo en cuanto esté listo, porque lo presentaré en la reunión de las cinco". ¡Por Dios! ¡En la facultad apenas si me habían explicado el concepto de stock, y ya eran las doce y todo el mundo se iba a comer! ¿Quién me iba a ayudar? No se imagina el desastre. ¿Para qué tanto estudio? Salí del lío porque soy rápido y porque un compañero mayor me tuvo lástima y se quedó a enseñarme, que si no... Ya estoy en la calle. Y con esto va a ser lo mismo. ¿Qué tanto estudiarse uno y prepararse y sopesar los pasos? ¿Para qué sirve tanta preparación, licenciada?

El planteo del muchacho había sido franco, directo y, sobre todo, muy real. Merecía, sin duda, una respuesta de igual calidad que le devolviera a este joven la confianza en el estudio, que un entorno arduo le había hecho perder.

—Joven, yo llevo años trabajando en recursos humanos; años de observar con cuidado, sistemáticamente, esa situación en la que una empresa necesita cubrir un cargo y de entre una multitud de personas que se postulan uno y sólo uno es el elegido. ¿Por qué ése y no otro? ¿Sabe usted por qué ostenta su puesto actual? ¿No había otros postulantes?

—¡Cientos! —sonrió el muchacho—. Compañeros, egresados... ¡Hay una malaria! Los que empezamos tenemos más problemas que todos estos señores, que ya están en carrera. Cuando yo entré ya había respondido a no sé cuántos avisos. Y por qué me eligieron a mí... y, le habré caído bien al entrevistador. O habré pedido menos sueldo que los otros.

—Algo que usted tiene en común con todos estos señores —aclaré— es ese relativo desconocimiento de *por qué uno en especial es el elegido*: un fenómeno sociológico que poca gente se detiene a analizar. No importa si usted comienza la carrera laboral, o si por alguna razón la ha interrumpido y busca recomenzarla: la situación es idéntica. Un puesto, varios postulantes, y... ¿por qué este y no aquel otro?

—Y, será por la experiencia. O por los títulos que uno pueda mostrar, si no tiene experiencia... —aventuró el joven.

—Todo influye —reconocí— pero más allá de su formación profesional, más allá del nivel académico que usted tenga, más allá de sus títulos y de su edad, creo que los pasos técnicos para buscar un empleo no los ha estudiado en ninguna parte. Nadie le ha enseñado cómo lograr una preparación óptima, ni para conseguir su primer empleo, ni para retomar su carrera, o para conseguir una ubicación laboral más acorde con sus expectativas. Y esto se puede hacer sistemáticamente; usted puede aprender a instrumentar una búsqueda a través de la cual tenga muchas más posibilidades de resultar elegido.

—Es como volver a la escuela —rezongó el señor Nervioso—. ¡Y a los cuarenta y cinco años no es edad de hacerse el estudiante!

—Cualquier edad lo es, señor —corregí—, porque nadie puede creer que ya lo sabe todo. Replanteemos las posibilidades que pueden presentarse en la fase inicial de la búsqueda: primero, usted puede ser una persona que sabe claramente cuál es su trayectoria laboral y a qué apunta en su próximo puesto, o puede estar frente a disyuntivas: se preguntará si seguir trabajando en relación de dependencia, si comenzar una actividad autónoma, y si así lo decide, cuál... Debe elegir, tomar decisiones. Es un proceso similar a la orientación vocacional: porque todos, jóvenes y maduros, expertos e inexpertos, en cualquier momento nos encontramos frente a la necesidad de comenzar. Las etapas, como hemos visto, pueden cerrarse: *y nadie tiene comprada ni garantizada su continuidad de carrera en el mundo moderno.*

Me dirigí al joven:

—Usted, cuando respondía un anuncio, ¿iba sin nada?

—Llevaba el currículum —respondió azorado el muchacho—; y, claro, a veces simplemente lo mandaba.

—Porque ésa es la herramienta central de quien busca empleo —confirmé—; pero ¿quién le enseñó a redactarlo, diagramarlo, armarlo?

—¡Nadie! —objetó el muchacho—. Es fácil. Uno sabe... y además no tengo tanto para poner.

—Y aunque tenga mucho, da igual —intervino Ernesto—. Yo hice el mío propio, y mire si habré tenido cosas para poner que me llevó como veinte páginas. Y todo sin ayuda de nadie. ¿Y cómo no? Uno pone los datos completos, la edad, y un relato de la vida laboral de uno. ¡Qué tanto detallismo y preocupación!

—Pero Ernesto —le recordé—; usted una vez me contó que había devuelto a la imprenta una remesa de tarjetas porque, aunque se leían bien, la tinta estaba borrosa en unas letras... ¿No era así?

—¡Pero eso es distinto, licenciada! —se indignó Ernesto—. La tarjeta de presentación no puede tener defectos.

—Y *el currículum es la tarjeta de presentación laboral*. Si usted cuida el diseño, la tipografía e incluso el papel es porque usted supone que su tarjeta personal da una imagen de usted; de la misma manera, *el currículum vitae es la herramienta técnica de su mejor presentación*. ¿Por qué descuidar su imagen frente a un posible empleador? Hay que resaltar ciertos éxitos logrados; hay datos que no vale la pena poner, porque serían inútiles, como una cortina de humo que ocultase lo que realmente se desea resaltar; hay veces en que, de acuerdo con los objetivos, conviene ordenar los datos cronológicamente, y otras en que lo mejor es buscar un currículum funcional... Esto puede ser estudiado y aprendido.

—En esta lista suya lo que ha ido diciendo cubre "Objetivos", "Logros" y "Medios"... —indicó el señor Maduro—. Pero ¿son realmente necesarios los dos primeros ítems?

—Como todo en las ciencias humanas —expliqué— cada individuo es un mundo; hay, sí, quienes saben a dónde van y de dónde vienen; quienes tienen claro su proyecto futuro y su pasado laboral. Son individuos afortunados, pero raros: en mi experiencia, la autoevaluación, la indagación sincera del yo, suele ser necesaria. Mucha gente se engaña a sí misma sobre sus propios motivos... Por eso —continué—esos dos primeros títulos, sin ser imprescindibles, son sumamente recomendables.

—¿Para mí también, que ya no tengo futuro? —preguntó con voz triste el señor Maduro—, porque mis logros, mi pasado, los conozco bien...

—Entonces, señor, necesita con urgencia plantearse un objetivo adecuado —aquí hice una pausa—, debe buscar un objetivo laboral que le devuelva el objetivo primordial: sentirse feliz. Como dije antes, alguna gente no necesita de la etapa de evaluación y valoración... ¡pero son casos raros!

—No hay que exagerar, Cristina —dijo conciliador Ernesto—. Yo soy una persona muy común y creo conocerme muy bien.

Ataqué frontalmente:

—¿Cuáles son sus logros, Ernesto? Háblenos de usted.

—¿Eh? —visiblemente sorprendido, Ernesto contestó— y... haber durado veinte años en la empresa. Haber ido obteniendo posiciones...

—O sea, ¿haber llegado a estar donde está?

Ernesto asintió.

—Está sin empleo... ¿ése es el logro?

Ernesto palideció, y comenté:

—Disculpe la ironía, Ernesto, pero ¡cuánto nos cuesta despertar de nuestras ficciones, y hacer un autoanálisis honesto! Le tendí una trampa: *el desempleo de gente como ustedes, que cuenta con una capacitación y un haber de experiencia y aptitud, no puede ser clasificado ni como éxito ni como fracaso: es tan sólo una interrupción de la carrera laboral. El puesto puede perderse; pero los logros son hechos destacados, intangibles, innegables e imposibles de perder, que indican lo que cada uno de ustedes puede brindarle a su nuevo empleador. Pertenecen al pasado, y son la clave del futuro.*

—Pero ¿qué puedo tener yo para brindarle a nadie? —se sobresaltó el joven—. Tengo un título, sí... pero no hubo tiempo de que acumulase logros: ¡hace seis meses que estoy trabajando! No tengo habilidades desarrolladas, ni pasado laboral.

—Sí los tiene, ¡pero está tan confuso que no los identifica! —reí—. ¿En qué materias se destacó? ¿Era mejor en sus trabajos prácticos haciéndolos solo o en grupo? ¿Su retentiva es mayor oyendo o leyendo? ¿Es usted minucioso y analítico o tiende a las sinopsis y lineamientos generales? Ese es su pasado laboral: a su modo, el estudio es un trabajo. Los logros pueden obtenerse en marcos muy distintos.

—Dentro de ciertos límites, lógico —gruñó Maduro revolviéndose en su asiento—; un gerente, cuando le pregunté cuál había sido su mayor éxito me contestó que haber evitado el divorcio del gerente general...

Ante la extrañeza general, continuó:

—El susodicho ejecutivo, según supe luego, tenía una muchachita que lo acompañaba en sus viajes sin ser guía de turismo, y cuando la esposa había estado a punto de descubrir que el solitario viaje de negocios no había sido tan solitario, este gerente se las había arreglado para proporcionarle una buena coartada al ejecutivo... Así que, según él, había conservado el puesto desde entonces, por agradecimiento.

Cuando las risas se acallaron, comenté:

—¡Qué poca estima se tiene a sí misma esa persona! ¿Y qué tal era en su función ese gerente?

El señor Maduro contestó, casi a regañadientes:

—Bastante bueno. Desagradable, pero bastante profesional.

—Por eso conservaba el puesto, aunque él no lo supiese.

—Mi jefe dice que lo mejor es conseguir que la empresa le quede agradecida a uno —interpuso el joven—, y él ha logrado que nadie le pida aumento, así que le ahorró un montón en salarios a los accionistas.

—¿Cómo se llegó a ese curioso "logro"? —me interesé.

—El les avisa a todos, igual que a mí: el que pida aumento, a la calle.

—¡Lugar donde pronto estará él! —pronostiqué—. Una actitud así crea sin duda un estado generalizado de insatisfacción que terminará bajando la productividad, y él será el responsable. ¡La política salarial es un arte sutil, no un ejercicio de despotismo!

—Entonces ¿puedo tener esperanzas de que lo despidan? —se ilusionó el joven, provocando otra tempestad de risas. Cuando hubo silencio, el muchacho prosiguió—: No es tanto por el aumento, sino porque... bueno, si se va habrá ascensos y movimientos, y a río revuelto ganancia de pescadores. Algo para mí saldrá.

—¿Entonces usted no sabe todavía con claridad lo que desea? ¿Es tan sólo una idea de ascender? —pregunté en voz baja—. Vea usted, se le aplican las generales de la ley: no importa en qué etapa de la carrera se esté, es raro que alguien tenga claros sus objetivos laborales. Existe una sensación indefinida de insatisfacción, y el deseo de progreso... Pero se necesita un buen autoanálisis para precisar con exactitud quién es uno, de qué es capaz, y qué desea. Cuando se tienen todas las respuestas sobre los propios intereses, habilidades y metas, y se hizo la lista de logros, ha concluido la fase inicial de la búsqueda laboral. La segunda se cumple con un estudio exhaustivo del mercado laboral y el perfeccionamiento de las herramientas o medios que utilizarán en él. Y por último llegará la tercera fase, la que conduce a la nueva posición: cuando tenga definidos sus objetivos, preparados sus medios y planeada su estrategia de mercado habrá que ver detenidamente cómo abordar ese mercado. ¿Cuál es el modo de dirigirse a los consultores? ¿Y a los amigos? ¿Qué hacer ante los avisos ciegos? Toda esta problemática es digna de estudio detenido. Y si hace ya un tiempo que está intentando, y no hay resultados, puede surgir una pregunta clave: ¿qué estoy haciendo mal, qué me impide concluir exitosamente mi búsqueda? Aquí suele encontrarse uno de los obstáculos más comunes: el desempeño deficiente ante la entrevista de selección. Porque cuando se ha investigado suficientemente el mercado laboral, el objetivo será conseguir entrevistas: algo que no es ni una charla amistosa ni un examen. Son sólo unos pocos minutos, en los que usted, sin posibilidad de confrontarse, debe buscar que su desempeño supere al de todos los demás postulantes: debe buscar sobresalir ante el entrevistador, de modo que lo juzgue superior a los otros. También esto es susceptible de ser estudiado y aprendido: ¡se puede aprender a manejar la entrevista para llevar al máximo las posibilidades de éxito! Y si todo ha salido bien queda la última valla, el último punto en mi lista... La negociación.

—¡Pero si uno no ha sido descartado en la entrevista, lo demás es cosa resuelta! —interpuso Ernesto.

—En esta carrera puede haber varios finalistas, Ernesto —recordé—; cuando se ha llegado a ser un seleccionado, quizás sean tres, quizás incluso dos... y uno es quien queda fuera. ¿Qué pasó? ¿No habremos cometido un pequeño error, o habremos pasado por alto algún punto en la negociación, que así favoreció al otro postulante? *Nunca hay que considerar que su búsqueda ha ter-*

minado hasta estar en funciones. Hay una estrategia para
la negociación salarial, para las condiciones de prestación de servicio, para la incorporación definitiva: y no
vale la pena dejar librado a la improvisación algo que tiene tanta importancia.

—¿Usted insinúa que hay un modo sistemático? —se
interesó el señor Maduro.

—Y por eso mismo más responsable —asentí—. Ya
tienen ustedes una buena cantidad de elementos de la
sistematización; ahora, organícenlos. El filósofo griego
aconsejaba: "Conócete a ti mismo", y no decía cómo; yo
creo que se puede comenzar haciendo una lista de gus-
tos y habilidades. Hay ciertos puntos claves: qué mate-
ria o tema continúa atrayéndonos después de graduar-
nos; a qué quisiéramos dedicar el tiempo libre que no tenemos; a qué dedicamos el tiempo libre que sí tenemos;
qué habilidades nuestras nos ganan el elogio de otros, y
cuáles nos ganan nuestro propio elogio; qué rasgo de
nuestra personalidad cambiaríamos, cuál es nuestra tabla de valores...

—Usted pide precisión, Cristina, ¡y habla de algo
tan vago como los valores! —protestó Arrogante—.
Eso cambia de persona en persona, de momento a momento...

—De acuerdo; pero no es tampoco tan relativo como
usted lo presenta —contrarresté—; sugiero que elija-
mos, por mero consenso, ocho rasgos, cualidades o atributos, a los que según mi experiencia la mayoría de las
personas atribuyen importancia.

—Que nos quieran —saltó el joven.

Asentí, y anoté: "Afecto".

—Tener lo que se desee: casa, auto —sugirió Arrogante.

Anoté: "Riqueza".

—Ser obedecido —suspiró Nervioso.

Anoté: "Poder".

—Tener objetivos claros que reduzcan la incertidumbre en el ejercicio del poder —meditó Maduro.

Anoté: "Preparación".

—Salud.

—Talento.

—Que nos reconozcan lo que valemos...

—Que sepamos proceder con justicia...

Anoté: "Bienestar", "Habilidad", "Respeto" y "Rectitud". Pasé la lista para que la revisasen:

—No es exhaustiva —comenté—, pero será suficiente. Establezcan en qué prioridad ordenarían esos ocho elementos, y tendrán una tabla de valores útil. Por supuesto, no es filosóficamente válida; pero es práctica. Y luego haremos una introspección sistemática: así...

Tomando un cuaderno, coloqué títulos en las hojas en blanco. Estos eran:

"Lo que fui y lo que hice".
"Lo que no olvidaré".
"Lo que sé hacer (y me interesa)".
"Lo que no sé hacer (y me interesa)".
"Lo que debo dejar de hacer (y no sé cómo)".
"Lo que querría aprender a hacer".
"Lo que me gustaría vivir".
"Lo que me gustaría obtener".
"Lo que postergué hasta hoy".

—¿Qué significa esto de "Lo que fui y lo que hice"? —preguntó Maduro—. He hecho tantas cosas... ¡no sabría cómo empezar!

—Divida su vida en épocas; recuerde las tres mayores realizaciones de cada época; y adjudique a cada una una causa extraída de su personalidad o su trayectoria —aconsejé.

—¿Qué es esto de "Lo que no olvidaré"? ¿Enseñanza, libro, placer? —se cuestionó Nervioso.

—Esos títulos son sugerencias de análisis individual: hay momentos descollantes en cada vida, tanto placeres como dolores. Lo que usted identifique como descollante nos dirá quién es usted... —aclaré—, y lo mismo vale para "Lo que me gustaría obtener": puede ser tanto material como inmaterial, algo cercano como algo lejano; importa si nos indica un rasgo saliente de su personalidad. Los valores que usted anhele son parte de su ser. ¡Y no necesitan decírselo a nadie, si no quieren! —me apresuré—. ¡Pero no se engañen ustedes mismos! Y luego, vendrá un análisis de logros.

—¿Para qué tanta preparación, licenciada? —se quejó Nervioso—. Los logros hay que contárselos al nuevo empleador, no a un papel, ni a uno mismo...

—No crea que es tan fácil verbalizar —contesté suavemente—; a veces hemos recibido desvalorizaciones de nuestro trabajo o no hemos advertido que no se nos reconoció, o nadie nos dijo que era un logro y estábamos tan ocupados que no lo pensamos... Y está también el tabú de la modestia. Y un hecho innegable: *saber algo no es idéntico a saber decirlo.* ¡Hay que preparar la munición verbal para la batalla de la entrevista! Hay tanta gente que carece de facilidad de expresión o da por sentadas cosas que no son tan evidentes. En cambio, cada uno de ustedes debe prepararse a hablar a un auditorio único: su probable empleador. Habrá que ser claro, breve, conciso y persuasivo: y no irse en vaguedades, sino precisar consecuencias mensurables de su acción. ¡Ernesto! Cuénteme un logro suyo en el último año de su trabajo.

Sobresaltado, Ernesto dijo:

—¿Eh? Y, mejoré el ánimo.

Señalé al señor Maduro invitándolo a hablar:

—Disminuí el ausentismo del 8 al 4%, con lo cual mi compañía ahorró... déjeme pensar...

—La cifra exacta no es necesaria ahora —respondí

admirativa—, pero será imprescindible cuando emprenda su búsqueda... —y detuve con un gesto el ademán escéptico de mi interlocutor— y lo hará, si es necesario, de acuerdo con sus posibilidades. Pero déjeme concluir esto: cualquier logro que expresen debe ser mensurable, medido en números y consecuencias, o no persuadirá. ¿Por qué no lo intentan? Redacten una frase, indicando qué hicieron, qué consecuencias tuvo y en qué medida se produjo el resultado...

Fui hasta la ventana mientras ellos escribían. Al darme vuelta vi que Arrogante mordía el lápiz, preocupado.

—¿Qué ocurre, señor?

—No se me ocurre... ¡Si yo no hice nada, simplemente supervisé a lo largo de los últimos diez años! —terminó en un arranque.

Guardé silencio un breve instante. El señor Arrogante revelaba ser mucho más complejo de lo que había parecido al comienzo... (¿Pero acaso no es así con todos los seres humanos? ¿No es cada persona que viene a mi oficina alguien que voy aprendiendo a conocer, y por ello a estimar? ¿No es ésa la razón por la que estoy escribiendo ahora mismo?)

—Supervisión es trabajo, señor —repuse finalmente—; y ahora sé que para usted será muy útil el autoanálisis. A pesar de su conducta exterior, hay una intensa desvalorización de sí mismo que debe aprender a superar. Recuerde: las cualidades que lo han traído hasta el punto en que está existen. Necesita encontrarlas y enorgullecerse de ellas: y para eso —indiqué la página en blanco— nada mejor que verlas escritas y medidas en números por uno mismo.

Ernesto me alargó su cuaderno. Leí:

"En lo que a mí respecta, tuve la oportunidad de que me cayera en suerte la decisión de las superiores autoridades de la empresa a la que tuve el agrado y honor de pertenecer durante los últimos tiempos, y que fue el grupo empresarial que tuvo la iniciativa de contribuir al desarrollo económico de la patria y el bienestar de la población mediante la instalación de una planta productora a lo largo de dos períodos anuales íntegros, que abarcaron los anteriores al que está actualmente en curso".

Leí nuevamente el párrafo. Se lo alcancé al señor Maduro, que refunfuñó:

—Si lo que quiere es decir: "Construí la nueva planta en los dos últimos años", ¿por qué no lo dice?

Devolví el cuaderno a Ernesto, mientras comentaba:

—Si alguno de nosotros fuese un entrevistador o un futuro empleador, quién sabe si nos hubiésemos tomado el trabajo de descifrar este galimatías.

—Con toda seguridad, ¡yo no! ¡No tengo tiempo para perder! —refunfuñó el señor Arrogante.

—Al hacer estas definiciones, ¿se pueden incluir rasgos personales? —preguntó el señor Nervioso dudando sobre su hoja.

—En el caso de que definan su personalidad, sí; porque uno de los rasgos que su empleador buscará es, sin duda, una personalidad positiva. La función de toda esta introspección y verbalización escrita no es otra que contribuir a persuadir a su probable empleador de que su capacidad de solucionar problemas le será útil, así que sus aptitudes, sus habilidades y su personalidad deben también ser definidos con claridad, brevedad y concisión. Deben lograr una buena descripción de su perfil profesional, una comprensión clara de sí mismos, y lograr transmitirlos persuasivamente; de igual modo, sus actividades deben ser descriptas sin presumir que el otro sabe de qué se trata con simplemente decir un título. Esto es particularmente importante para quien —aquí miré al señor Arrogante— hacía fundamentalmente supervisión: conocer los deberes que debía cumplir, la responsabilidad que ostentaba, a quiénes y a cuántos supervisaba, sobre qué presupuesto debía responder... Todo eso diseña un marco laboral: y dentro de ese marco hay logros.

—¿A qué se refiere con habilidades? —preguntó el joven.

—Son aquellos talentos que se han podido desarrollar —expliqué—, y para un ejecutivo han de ser tanto directivos como profesionales, y convendrá que especifiquen en qué áreas: planeamiento, control, liderazgo u organización. Todas estas expresiones las volcaremos a la herramienta fundamental: el currículum.

Y mientras ellos revisaban y comentaban sus apuntes, propuse estos ejercicios:

Segundo inventario de vida: Yo en el plano laboral

a) *"Lo que sé hacer (y me interesa)."* Esta lista incluirá tanto cosas que le agradan como cosas que le desagradan o fastidian. Vale su eficiencia, no su placer. Puede superponerse con su lista de grandes momentos ("Lo que no olvidaré") en algún ítem; y recuerde que aquí la modestia es falsa. Lo que vale es la honestidad y el autoconocimiento. Agregue los renglones necesarios...

....
....
....
....
....

b) *"Lo que no sé hacer (y me interesa)."* Este ejercicio lo ayudará a reconocer sus limitaciones, a la vez que contribuye a delimitar sus ambiciones. Le será útil para saber no sólo quién es usted, sino cómo delegar y cómo supervisar. Incluya cosas que usted hace mal, no que no sepa hacer y que quisiera hacer bien pero no puede.

....
....
....
....
....

c) *"Lo que debo dejar de hacer (y no sé cómo)."* Me refiero tanto a sus malos hábitos, lo que le indicará qué corregir en usted, como a las obligaciones que le agradaría no tener y que le ayudarán a determinar su objetivo laboral: porque usted intentará determinar su nuevo objetivo dejando de lado o minimizando estos elementos, resaltando sus capacidades, tomando en cuenta sus limitaciones, y demás. No olvide que estos ejercicios son continuamente revisables, porque su personalidad depende de su voluntad de cambiar, si algo hay que usted desee cambiar. Agregue los renglones necesarios:

....
....
....
....
....

d) *"Lo que querría aprender a hacer."* Este ejercicio continúa en la clarificación de sus ambiciones y complementa al anterior en el mismo sentido: la marcación racional y lógica de su objetivo. Es una lista no sólo de habilidades, sino de rasgos de conducta que usted desearía adquirir tanto para su vida laboral como personal. Agregue renglones si es necesario:

....
....
....

....
....

e) *"Lo que me gustaría obtener."* Puede ayudarlo volver a analizar su tabla de valores; lo que se le pide aquí es una lista de valores intangibles o tangibles, elementos a los que usted atribuya importancia y que pueden o no ser abstractos. Sea honesto y no deje que lo que usted piensa que debe o corresponde interfiera con lo que usted quiere. Es una lista de valores deseados: ayudará a orientar su futuro. Agregue renglones si es necesario:

....
....
....
....
....

f) *"Lo que postergué hasta hoy."* He aquí una lista posible de las cosas que usted quisiera comenzar a hacer ahora. Como ve, todo va ayudando a delimitar su objetivo laboral futuro. Será lógico que usted busque una posición donde algo de esta lista, al menos, sea posible... Son deseos que pertenecen tanto a lo laboral como a lo personal. Agregue renglones si es necesario:

....
....
....
....
....

Líneas atrás, en mi diálogo imaginario con mis igualmente imaginarios personajes, usted, lector o lectora, habrá notado con qué insistencia reiteré las palabras "logros" y "habilidades", como componentes esenciales del patrimonio profesional. Es que, a mi juicio, *los ante-*

cedentes laborales no son más que la suma de habilidades y logros.

Por tal razón es que intento dejar planteado en su mente que usted no debe autodefinirse por el nombre de su último empleo, ni siquiera por su título profesional si lo tuviera.

En esta etapa de autodiagnóstico o autoevaluación, *usted debe tratar de definirse por sus habilidades y sus logros laborales.*

Veamos algunos ejemplos para clarificar esta aseveración: una dactilógrafa o una secretaria suelen definirse a sí mismas por tales vocablos en vez de pensar: "Tengo un gran dominio de los teclados eléctricos, lo que me permite mecanografiar 350 palabras por minuto sin errores", o "Tengo una gran capacidad para centrar mi atención en varios temas al mismo tiempo, lo que me permite ser una muy buena asistente".

¿Por qué no intenta ahora determinar sus habilidades y logros? Le propongo el siguiente ejercicio:

Mis habilidades son:

Estas habilidades se encuentran tanto en personas ubicadas en posiciones de responsabilidad como en jóvenes con potencial. No es necesario poseer ni todas, ni gran parte: es necesario definir cuáles de ellas corresponden a nuestra personalidad. Son *Habilidades Operativas* o *Ejecutivas* o *Directivas* o *Profesionales*. Le proponemos cuatro grupos: determine usted cuáles son las características suyas o en qué se maneja usted mejor. Esto lo ayudará a determinar a qué posición futura puede usted apuntar con mayor seguridad.

Puede usted agregar habilidades características si no están incluidas.

Tengo habilidades de:

Planificación

Determinación de objetivos.
Pronósticos.
Planes.
Evaluación y revisión
de programas.
Formulación y determinación de:
— políticas,
— procedimientos,
— presupuestos.

Control

Establecimiento de normas.
Revisión de normas.
Evaluación y rendimiento.
Análisis y revisión.
Ajuste
Corrección

Organización

Diseño de la estructura organizacional.
Asesoramiento en las propuestas de reorganización.

Establecimiento y ajuste de relaciones de:

coordinación
procedimientos
trabajo en equipo
inspección
administración

delegación
disciplina
supervisión
técnica
producción

Liderazgo

Conceptualización.
Iniciativa.
Formulación de objetivos.
Definición de objetivos.
Selección de personal:
— ejecutivo
— técnico
— administrativo
— otros.
Identificación de problemas.
Definición de problemas.
Motivación.
Decisión.

Comunicación.
Disertación.
Comunicación escrita.
Conferencias.
Negociaciones.
Presentaciones orales.
Artículos técnicos.
Artículos promocionales.
Redacción de cartas.
Informes.
Resúmenes.

Ahora profundizaremos en sus "logros". Todo logro bien formulado consta de dos partes conceptuales: a) lo que usted hizo en realidad, y b) la ventaja resultante o la medida tangible de las consecuencias de lo hecho. Le propongo un ejercicio que llamaremos:

Mis logros

Para comenzar haga un listado de cada tarea que usted haya realizado en su carrera e historia laboral; un poco de lo que, en general, se llama currículum. Luego, para cada puesto o tarea, realice esta discriminación:

A. DEBERES

¿Qué hacía usted específicamente en su tarea? Describa sus tareas habituales. ¿Qué pasos tomaba usted para realizar su trabajo?

B. RESPONSABILIDADES

¿Puede usted contestar estas preguntas considerando sus responsabilidades: cuál, dónde, qué, cómo, cuántos, por cuánto tiempo, etc.?
Señale su influencia con una D (directa) o con una I (indirecta):

¿Cuánta gente supervisaba usted? ¿D o I?
¿Qué individuos (describa posiciones), divisiones, departamentos, subsidiarias, etc., reportaban a usted? ¿Su relación era D o I?
¿De qué equipo o material era usted D o I responsable?
¿De qué monto era el presupuesto del cual usted era D o I responsable?

C. Iniciativas Aplicadas

Enumere cualquier actividad iniciada para cada posición utilizando este cuestionario como base:

¿Vio usted problemas, oportunidades o desafíos en su tarea por los que tomó la iniciativa de implementarlos?
¿Desarrolló usted algo?
¿Creó o diseñó usted un nuevo departamento, programa de procedimientos, plan, servicio o producto?
¿Identificó alguna necesidad para un plan, programa, producto, servicio, procedimiento, etc.?
¿Preparó usted algún informe o documento original?
¿Hizo usted o participó en alguna contribución técnica directa o indirectamente?
¿Implementó usted directa o indirectamente alguna recomendación administrativa o de procedimientos?
¿Participó usted activamente en alguna importante decisión directiva o cambios organizacionales?
¿Implementó o participó en algunas recomendaciones sobre ventas y/o beneficios y/o disminución de costos?
¿Cómo lo hizo? ¿Cuál fue su solución?
¿Cómo desarrolló, diseñó, creó y/o implementó su plan, programa, producto, servicio, procedimiento, etc.?
¿Cómo se benefició su empleador con sus esfuerzos?
¿Puede usted cuantificar sus resultados?
¿Sus resultados salvaron dinero, generaron nuevos negocios, incrementaron ventas, beneficios?

No olvide que cualquier actividad puede ser un logro, si usted responde afirmativamente a cualquiera de estas preguntas:

¿Logró usted obtener más con los mismos recursos?

¿Logró obtener los mismos resultados con menos recursos?

¿Mejoró o desarrolló operaciones o simplemente facilitó las cosas o las hizo más viables sobre toda la operación?

¿Logró resolver situaciones difíciles con poco o ningún incremento en tiempo, energía, dinero, personal, etc.?

¿Logró algo en su primer tiempo en la empresa?

La última parte del ejercicio que ahora le propongo le ayudará a comparar sus logros en relación con las posiciones laborales que ha ocupado, de modo tal que quede en claro cómo sus habilidades han contribuido a su tarea laboral. Marque con dos cruces la palabra que identifique lo que hizo constantemente, y con una lo que debió hacer ocasionalmente: retenga esa palabra para incluirla en la lista de verbos y frases verbales aseverativas, y así utilizarla al hacer o rehacer su lista de logros. Observe que aquí se determinan las funciones que usted ha desempeñado, no necesariamente su éxito:

	Posición actual o reciente	Posición anterior	2ª Posición anterior	3ª Posición anterior
Planifiqué				
Dirigí				
Controlé				
Establecí				
Desaprobé				
Esquematicé				
Sistematicé				
Manejé				
Guié				
Conduje				
Armonicé				
Agrupé				
Escribí				
Concebí				
Catalogué				

	Posición actual o reciente	Posición anterior	2ª Posición anterior	3ª Posición anterior
Creé				
Entrené				
Reformé				
Supervisé				
Mejoré				
Fortalecí				
Amplié				
Examiné				
Contraté				
Organicé				
Coordiné				
Implementé				
Aprobé				
Diseñé				
Inventé				
Goberné				
Ajusté				
Analicé				
Distribuí				
Administré				
Archivé				
Desarrollé				
Presenté				
Recluté				
Moderé				
Expandí				
Negocié				
Investigué				

Interesante, ¿verdad? Seguramente ha encontrado usted, lector, lectora, algún aspecto de su vida laboral que había quedado "archivado" en su pasado.

Sin duda, tiene usted ahora más y mejores elementos para autodefinirse que sólo el título de su último puesto.

Pero... ¡a no guardar el lápiz! Todavía he de pedirle un ejercicio más:

Si llegó usted hasta este punto, estamos listos para un ensayo: Defínase laboralmente, tomando en cuenta sus habilidades y logros. Trate de ser aseverativo, evite toda ambigüedad y no use más de tres o cuatro renglones en su definición laboral. Esto puede rehacerlo tantas veces como lo desee, ya que es una ejercitación que usted podrá luego utilizar oralmente, en la entrevista laboral. La concisión y seguridad son esenciales, ya que no puede saberse de qué tiempo dispondrá cuando llegue el momento, ni tampoco el estado de ánimo de su interlocutor. Redacte sin formalismos tratando de que las palabras suenen a conversación natural.

LABORALMENTE, PUEDO DECIR QUE YO ....
....
....
....
....

Con la revisión de sus logros, la delimitación clara de sus valores, el sondeo de sus capacidades, limitaciones y deseos, ya está usted en condiciones de determinar sus objetivos laborales. Deberá afirmar su personalidad y el estilo positivo que presentará a su potencial empleador, y comenzará a preparar las herramientas para la planificación del mercado. Recuerde:

* Sea altamente responsable en su búsqueda de trabajo y en la preparación de sus herramientas. No improvise ni se abandone.
* Defina sus metas a partir de un real autoconocimiento. Complete la indagación de su historia y personalidad: su seguridad en sí mismo/a afianzará su objetivo.
* Sus logros pasados siguen existiendo. Si los tuvo, los tiene. Muy poca gente conoce con claridad sus propios logros. Individualícelos.
* Las aptitudes y habilidades son un capital que no se pierde. Tampoco hay mucha gente que pueda identificarlos con claridad.
* La expresión verbal debe ser practicada. Muy poca

gente puede hablar de sí misma con claridad, brevedad, concisión y persuasión.

* Incluya datos que señalen una personalidad positiva. Son los que convencen al empleador de que usted le será útil. Practique su expresión verbal.

* Sea en todo tan minucioso como pueda. Los datos elaborados en esta primera fase serán usados para elaborar los medios que usará en la segunda.

Su Currículum-Vitae deberá ser resultante de 3 dimensiones

1 Explicar lo que mejor puede hacer

2 Sugerir cuáles son los beneficios que obtendría el empleador por contratarlo

3 Conocer las tendencias de la demanda en el mercado laboral

Capítulo VI

Alternativas de cambio

Estamos ya en plena determinación de objetivos para lanzarnos a la segunda fase de la búsqueda laboral. Conviene en este proceso de autoindagación que debe efectuar toda persona en situación de cambio que se tengan presentes las realidades que rodean a esa persona, tanto como sus expectativas. Este libro, con sus explicaciones, guías y ejercicios, intenta ser una ayuda para retomar, reencauzar o intensificar una carrera que ha sido interrumpida, sea por despido, sea por una detención en el progreso profesional, y que ha causado una inquietud en quien, debido a ello, busca el cambio. Es sobre todo a este último a quien se le ocurre con mayor frecuencia idealizar sobre una vida nueva que comienza a partir del cambio: y el realismo de mi enfoque sobre la situación no debe chocar. Entre usted y yo, lector o lectora, sé muy bien que es hermoso fantasear con horizontes que se abren a partir de lo nuevo: pero también sé que no debo prometer ni incentivar la creencia en algo distinto, prometedor, superior y que garantice una mayor expectativa de felicidad que el curso vital que se ha llevado hasta el momento.

Pero todo lector o lectora debe saber que esa posibilidad está abierta. Es usted, amigo o amiga, quien debe plantearse su condición: si desea realmente, franca y hondamente, un cambio severo, profundo y total, debo recordarle que rara vez ese cambio se produce tan radicalmente. Pensemos, entre usted y yo, cuál es el origen de la carrera laboral.

La inmensa mayoría elige, al iniciarse, un campo general, una orientación amplia y el rumbo preciso, exacto de su especialización o capacitación posterior, más que obedecer a un plan previo, sigue las circunstancias de la vida personal y profesional. En suma, *es el primer trabajo*, y no lo anterior, *lo que determina cómo se enfocará la carrera*. Hay quienes siguen en el rumbo trazado por esa primera posición ocupada: profundizan esa orientación, y llegan a la jubilación siguiendo aquellos primeros pasos: debemos entender que han llegado a amar, incluso con pasión, lo que hacen, aunque no hubieran soñado elegirlo cuando comenzaron.

Sin duda, muchos no son tan afortunados, y continúan sus carreras por mero hábito... Pero siempre *aquel primer trabajo es decisivo en nuestras vidas*. Y ¿cómo fue que lo hallamos?

Así es, lectora, lector: *¡suele ser por casualidad!* Nadie toma mayores recaudos o previsiones al iniciarse en un puesto: si está más o menos dentro del área por la que esa persona siente un cierto interés, lo acepta, y probablemente llegue a desempeñarse bien. Si acaso ese primer trabajo fue demasiado frustrante, entonces, la situación de cambio laboral a la que usted se encuentra abocado es su oportunidad de reencauzar y reorientarse. Pero si no ha sido así, ¿para qué plantearse un cambio rotundo, total?

El joven encuentra su primer trabajo por circunstancias familiares, o por amigos conocidos, o por mera casualidad. No todo lo que descubra en ese campo le será agradable: pero quizás su puesto esté en concordancia con sus aptitudes. Incluso es posible que lo incentive para desarrollar habilidades. *Sin embargo, mi experiencia profesional me inclina a pensar que hay que tener una enorme suerte para que la trayectoria, la carrera laboral, responda a nuestras auténticas necesidades y a nuestros intereses, que, además, seguramente irán cambiando con el tiempo.* Pero como el nivel de decisión sobre nuestro puesto de trabajo está más allá de nosotros, aunque nuestros intereses cambien, sólo en rarísimos casos lograremos que la empresa modifique el puesto a nuestra imagen y semejanza. Lo contrario es lo habitual; somos nosotros los que nos adaptamos a los requerimientos de un determinado puesto en una empresa concreta.

Los años pasan y se produce la fatiga laboral que genera el deseo de cambios drásticos en el empleo.

Si éste es su caso, lectora o lector, entonces usted debe dejar paso libre a su deseo; sueñe, pero sueñe bien. Usted se plantea una vida alternativa: use método para planteársela.

Estudie sus intereses postergados; imagine la actividad que desea para sí; imagine el entorno, tanto humano como físico, en que busca estar, afiance su sueño en la realidad, buceando en su pasado: sepa con absoluta honestidad qué le provocó satisfacción y qué lo disgustó, y determine las causas de cada cosa. Con todo eso, sueñe, y aparecerá una nueva ocupación que usted sí es capaz de desempeñar. Se apoyó en el *pasado* real para proyectar un *futuro* potencial: luego estudie el *presente* real. Vea los riesgos que correrá si emprende esa nueva área de actividad laboral; considere si sus ingresos bajarán, si tiene capital, si puede competir en ese mercado nuevo... ¡Todo con su imaginación, pero sin fantasías: una especie de "sueño controlado", que le diga la verdad!

Si en esa meditación profunda aparece que la respuesta es "no", que su deseo de cambio no es real, que sólo se trata de fantasías y no de deseos, obedezca a su sentido común y no intente un cambio demasiado radical y profundo. Aún así tendrá la satisfacción interior de haber indagado la probabilidad en sus fantasías. Pero si su sueño concluye con un "sí, quiero un cambio real", ¡hágalo! El objetivo primordial, recuérdelo, es la realización personal. Llamo realización personal a un trabajo que no signifique solamente ganarse un sueldo, sino que me haga sentir que contribuyo con lo que hago al sentido que le doy a mi vida.

Acepto que no es fácil meditar como estoy proponiéndolo: pero es la mejor manera que mi experiencia me señala. La respuesta al deseo de cambio se halla dentro de cada uno: es por introspección que se la encuentra. Indague: ¿por qué está tan disconforme? ¿Es el tipo de empleo? ¿Es el clima laboral de la empresa? Si tiene que responder "sí" a cualquiera de las dos preguntas y no puede poner remedio a la situación no espere a que lo despidan: ¡comience a buscar otro empleo! No necesita renunciar: empiece, despacio, con estos ejercicios.

Pero debo advertirle que, en mi experiencia, la mayoría de quienes intentan un cambio laboral van a compañías y puestos similares: porque así es más sencillo mantener o mejorar el salario y transferir la experiencia.

Capítulo VII

Cómo hacer un currículum vitae

La herramienta considerada esencial para una búsqueda laboral, la "carta de presentación" ante cualquier posible empleador, es sin duda el currículum. Sin embargo, entre el imaginario grupo de personajes que he intentado presentar, el tema del currículum pareciera ser el área preferida de E. Ror.

Una significativa proporción de los currículum vitae que recibo muestran tantas imperfecciones, omisiones, redundancias, incluso errores de ortografía (para no hablar de su pobre presentación en lo que a papel, diagramación, etc., se refiere), que generan en mí una constante asociación con el señor Ernesto Ror. Por ejemplo, currículum donde se resaltan los estudios de idiomas (lo que es sin duda útil en muchísimos casos), ¡pero sin darse cuenta de que lo que debe quedar remarcado es el manejo funcional del idioma! *La función de un currículum es muy distinta a la de contar la historia de vida.* Si no contribuye a resaltar un rasgo que sea útil en algún área técnica, profesional o directiva, el currículum no debe registrar tal dato, por más importante que haya sido en la vida personal de su titular.

Ernesto Ror, como es natural, cuando expliqué esto ante mis invitados me replicó:

—Tengo entendido que un currículum es una especie de autobiografía resumida.

Le respondí:

—¡Ese es uno de los errores más difundidos y más nefastos que yo conozca! —exclamé—. Se parece a la historia de vida por su orden cronológico, si es que uno utiliza ese orden. Pero permítame recordarle, Ernesto, lo que tantas veces he tratado de enseñarle y que, por supuesto, ahora repetiré para el grupo: si bien existe un currículum cronológico, los hay de otros tipos (ya lo explicaré más adelante). Como toda herramienta, se la construye según a qué se la vaya a destinar; y, como ya dije, *el currículum es una herramienta*, que incluso podemos decir *básica, de la búsqueda laboral*, porque en base a él el empleador puede formarse una opinión sobre las características del postulante.

Ernesto me replicó:

—Y bien, eso es lo que yo hago: ¡una pequeña autobiografía, para que él se forme su opinión!

—Es su concepto lo que está errado, E. Ror: *piense en su currículum como una comunicación escrita que demuestra claramente su habilidad en el área a la que se postula, y que debe simultáneamente provocar en su empleador potencial el deseo de conocerlo.* Y si usted manda una historia de su vida, un librito, nadie querrá conocerlo porque no lo leerán: ¡no se puede perder tiempo leyendo datos irrelevantes! Tengo por aquí —rebusqué en un cajón— un currículum de veintiséis páginas... No lo he leído, por supuesto. ¡El más brillante de los postulantes, el más destacado, no debe exceder las tres páginas!

—¿Y si es alguien como yo, que recién comienza? —preguntó tímidamente el señor Joven, que había llevado tanto tiempo en silencio.

—Una página es lo más adecuado: y si acaso además

ha tenido una experiencia laboral interesante, ¡bienvenida! Pero lo más importante que quiero decirle es que esa página no debe ser vivida con vergüenza. *Destierre de su mente la idea de que su currículum se verá pobre o descalificante por constar de sólo una página* —percibí en el joven cierto sonrojo y afablemente continué, dirigiéndome a él—. *Lo importante es lo que se dice y cómo se dice, más que cuánto se dice.* Si usted ha hecho los ejercicios de Inventario de Vida y Habilidades y Logros ya sabrá que, aunque el tiempo sea corto, dada su juventud, tiene usted aptitudes para ofrecer a un potencial empleador.

—Además —convino Arrogante— ya que tiene 25 o 28 años, nadie puede esperar tantas experiencias o antecedentes. Cuando uno busca a un joven profesional idóneo en una tarea, lo que aspira a detectar es, sobre todo, su potencial, ¿verdad? —preguntó dirigiendo su mirada hacia mí.

—Así es —concordé—. Pero, retomando nuestro comentario inicial, recuerden todos ustedes que siempre *la longitud es un factor que decide lo que pasará con la atención de un potencial empleador.* Y aunque quien lo reciba sea heroico y se arriesgue a adentrarse en la novela, de pronto empiezan a proliferar datos desconcertantes: ¿por qué enviar fotocopias de los certificados de estudio, por ejemplo? ¿A santo de qué ilustrar cada renglón con una fotocopia de una carta, un legajo, un certificado, un sello, una firma?

—Las cucarachas agradecidas y los ficheros repletos hasta que alguien decide hacer limpieza y allá van esos mamotretos... ¡Si habré recibido propuestas así en estos años de empresa! —acotó el señor Maduro.

—¿Qué hacía con ellos? —pregunté.

—Nada.

—¿Los leía?

—¡Yo era un hombre muy ocupado, Cristina! Ahora,

quién sabe... cuando me jubile tendré tiempo para desperdiciar, pero...

—No lo tendrá —repliqué—. Usted no está acabado...
De hecho, cuando usted, señor Maduro, tenga que preparar su currículum, ¿se las arreglará para hacer entrar
su carrera en tres páginas, tamaño carta, a dos espacios
y bien diagramada?

—Creo que sí —dijo Maduro tras una pausa—. Habría
que dejar mucho fuera...

—Habría datos que resultarían innecesarios. Una persona que esté entre sus cuarenta y cincuenta años ya no
necesita decir, por ejemplo, dónde hizo la secundaria;
eso interesa para los postulantes recién salidos de la
universidad. Hay datos que van perdiendo importancia.
Son los últimos datos, o los más descollantes de los últimos tiempos, los que deben detallarse. Y cuidado con
caer en el extremo opuesto: por más notable que sea la
propia carrera no se debe enviar un par de hojas sin más
información que los datos personales, el nombre de la
compañía y el título ostentado, porque las áreas de responsabilidad cambian de empresa en empresa. Es una
tentación en la que suele caer gente muy importante, espero que no sea su caso... También es una forma de ve-
dettismo, y la vida moderna no admite esas vanidades...
Quien está buscando una nueva posición, sea por la causa que sea, es un postulante más, y debe intentar demostrar ante su probable empleador que es un postulante
más valioso y eficaz que los otros.

—Y supongo que hay que demostrar responsabilidad
—saltó Ernesto—; la imagen que uno dé es decisiva.
¿No, Cristina?

Asentí, y él, alentado, continuó:

—Yo por eso firmo cada hoja, para avalar su veracidad.

—¡Señor E. Ror! —respondí—; ¡Frene esos impulsos!
¿Quién va a verificar algo que no le interesa? ¿Y por qué
habría que certificar que no se miente a cada paso? ¿Y

qué seguridad da que usted firme? ¿Usted envía un currículum o un balance? ¿Busca un empleo o que el juez no le recuse el escrito? Se verificarán las referencias, cuando sea necesario hacerlo, pero permítame adelantarles que incluso es bastante *aconsejable no incluir referencias en el currículum*, y reservarlas para una etapa más avanzada. *La mesura y la capacidad de síntesis son importantes en la confección del currículum*. No importa cuál sea el formato o esquema que usted elija, en todos habrá una sección "Datos personales", ¡cuídela! Más de una vez, en los que yo he visto faltaron o estaban incorrectos el teléfono o el domicilio, y el interés del empleador jamás llegó a conocimiento del postulante...

—Y recuerdo haber visto —intercaló reminiscente el señor Maduro— cierto currículum que incluía en "Datos personales" el nombre de la esposa y de cada uno de los hijos.

—Esa sección —completé— tiene que darle al empleador una idea de la personalidad del postulante. Y de la mención de datos innecesarios, ¿no les parece a ustedes que emergen connotaciones de vanidad o descuido? Y ¿quién desea emplear a un vanidoso descuidado? Por supuesto, hay datos que realzan la personalidad: los idiomas, los viajes, los clubes, los deportes que se practiquen, pueden ser incluidos siempre y cuando denoten un grupo social con el que usted se relaciona en su tiempo libre y que esté acorde con el grupo social al que su nueva actividad laboral podría acercarlo. Todo el currículum emite la imagen de cada uno de ustedes. ¡Miren esto! —rebusqué nuevamente en el cajón, y saqué cierta hoja que hice circular entre ellos—. ¿Qué clase de persona imaginan tras ese papel?

Era una hoja de anotador, manuscrita con una caligrafía un poco descuidada.

—Es obvio para mí —continué— que es alguien muy apresurado, que quizás estaba un domingo en una quinta, observó en el diario un aviso que le interesó y solamente tenía a mano un cuaderno o un anotador, y luego de preparar su respuesta, el lunes no se tomó el trabajo de hacerlo con corrección: tomó un sobre y envió lo escrito el día anterior. La premura no justifica jamás esta pésima impresión causada... Y este otro —saqué de mi cajón un segundo currículum— está sin duda más cuidado: ha subrayado los títulos, pero sigue estando manuscrito, en papel no comercial, sin datos personales, más que apellido y nombre... Es muy difícil que alguien otorgue una entrevista basándose en esta imagen.

—Yo no hubiera recibido nunca a quien me enviara eso —corroboró el señor Nervioso.

—Estos tres ejemplos, el currículum de veintiséis páginas, el manuscrito en hoja de cuaderno y el más cuidado pero aún de mala imagen, son extremos que quien esté en búsqueda laboral debe evitar cuidadosamente.

Iba a continuar hablando, pero el señor Joven, que había estado hojeando con curiosidad los tres currículums que yo había mostrado como ejemplo, exclamó, mientras señalaba el más extenso:

—¡Qué hermoso el día que yo pueda hacer un currículum así! Miren todos estos cursos, estas conferencias, estas convenciones...

Lo interrumpí de inmediato:

—¡Qué hermoso el día que usted pueda asistir a esos cursos, conferencias y convenciones, pero no haga jamás así su currículum —le expliqué—. Parece ordenado, pero es plomizo: con día, sede, número de resolución, descripción del entorno, resumen de ponencia... ¡Terrible! el estilo de redacción debe ser el que ustedes han practicado al formular sus logros, y expresar sus habilidades y actividades: breve y conciso, directo y asertivo. Nadie tiene tiempo de leer tanto de cada postulante. No me cansaré de repetir que el currículum es la imagen que usted deja en manos de su empleador: y si la presentación es desprolija, si las hojas son irregulares, si la ortografía y la gramática son deficientes, si la lectura no es clara, si el estilo es confuso, si los datos son inútiles, si la longitud es excesiva... todo esto será su imagen ante su potencial empleador, y usted puede ya considerarse prácticamente descartado. E incluso aunque todo sea adecuado en cuanto a la presentación y el contenido, no olvide que usted debe apuntar a puestos para los que sus estudios y experiencia resulten, o bien adecuados, o bien transferibles; o su currículum será inútil.

—Pero, en última instancia, Cristina, ¿no sigue siendo el currículum una historia de vida? —preguntó el señor Nervioso—. Ocurre que mandé unos cuantos, y me costó mucho prepararlos. Sería penoso constatar que fueron inútiles.

—Un currículum es difícil de hacer, sin duda —aclaré—; pero no se preocupe por lo que ya ha hecho, preocúpese de hacerlo mejor en el futuro.

Lo primero que ustedes deben saber es que *podemos distinguir dos estilos o tipos de currículum:* el que llamaremos *"tradicional"* o "cronológico" y el que día a día se impone en el moderno mundo empresario, llamado *"funcional"*. Hay que elegir el "tipo" de esquema que más convenga a cada persona. El "tradicional", por orden cronológico inverso, remarca dónde y cuándo trabajó, con énfasis en los últimos años. El que yo denomino "funcional", que se basa en la expresión precisa de los objetivos de su búsqueda, en lugar de describir empleos, subraya su idoneidad en las tareas que ha desempeñado. Este último es más recomendable cuando su historia laboral ya incluye cambios y, sobre todo, cuando usted desea que se produzca un cambio drástico en relación con su historia pasada, o cuando desea volver a un área que en algún momento ejerció y que ya no ejerce. En cambio, el currículum cronológico o tradicional, al subrayar su última experiencia, y presentar claramente su trayectoria, le facilitará mantenerse en la línea de desarrollo laboral que usted tenía. Y, por supuesto, siempre puede usted buscar una estructura, un diseño, que combine rasgos de ambos. Siempre comenzará con sus datos, y puede continuar con una sección que detalle sus objetivos, si los tiene muy precisos...

—¿Pero eso no restringirá mis posibilidades? —preguntó inquieto el señor Nervioso—. Ya sabe usted, Cristina, que en mis actuales condiciones no puedo darme el lujo de correr riesgos...

—Solamente si usted no tiene objetivos definidos, o si los expresa de modo confuso, su currículum quedará dañado. Puede eliminar esta sección de "objetivo laboral" y redactarla luego en un párrafo en la carta que acompaña su currículum. También debe evitar incluir este párrafo que les propongo en la carta si de él se desprendiese una actitud extrema, sea por exceso o por defecto. Un requerimiento severo, por ejemplo, "mi objetivo es un puesto de alto nivel gerencial", puede ser tan contraproducente como dejar entrever que usted aceptará lo que se le ofrezca, no importa lo que sea. Esta última es una imagen negativa, y los selectores profesionales y los potenciales empleadores rechazan, en general, a aquellos postulantes que aceptarán cualquier posición...

—Estoy de acuerdo en que una imagen acomodaticia —intervino el señor Arrogante— será, antes o después, negativa; me parece que desde un principio hay que dejar en claro lo que uno quiere, como puesto y como sueldo. Eso debe estar por escrito: crea respeto, porque muestra que uno sabe valorarse a sí mismo. En última instancia, siempre es bueno pedir un poco más de lo que uno en realidad quiere: para rebajar siempre hay tiempo.

—Permítame discrepar en varios aspectos —interpuse—; es fácil advertir si una persona se está sobrevaluando, y eso crea mala impresión. *¡Nunca ponga pretensiones salariales en el currículum*, así como usted no explicita su sueldo en su tarjeta comercial! Tal vez corresponda mencionar el tema salarial en la carta que acompañará el currículum, pero nunca en el diseño del currículum... Luego, si logra usted la entrevista, puede ocurrir que el desarrollo de la misma haga que usted deba asumir la postura que describió, pero en ese caso nunca es aconsejable adoptar una actitud dura: no, sino más bien mencionar una gama posible dentro de lo flexible y racional. No olvide que no está usted en situación de poder: sea quien sea, y cuente con la trayectoria, logros y valía con la que cuente, usted es un postulante entre varios.

El señor Arrogante guardó silencio con expresión meditativa.

—Por último —continué—, colocaremos en el currículum una sección que podremos titular "Experiencia laboral", o frases similares; ahí se deberán consignar los logros, tal como los habrán confeccionado en los ejercicios de páginas anteriores. Por supuesto que si su historial laboral es distinguido, usted comenzará con esos datos —me dirigí al Joven—; será conveniente que usted comience por su formación universitaria, si cree que es la mejor impresión que puede causar a su empleador.

—Medalla de oro —se enorgulleció el muchacho—. El mejor promedio de mi promoción.

—Entonces quedará agregar, si ya los tiene, esos cursos de especialización profesional que usted envidiaba... ¡Pero en forma sucinta y legible!

Así que resumamos: *todo currículum debe tener datos personales, un resumen de su experiencia laboral, debe detallar logros que lo realcen, presentar claramente su educación y especialización*, y todos los datos que contribuyan a mejorar su imagen: distinciones, experiencia docente, idiomas, asociaciones... Y *no descuide jamás su lenguaje*: debe realzarse sin sobrevaluación, remarcar sus trabajos grupales; nunca indicar que sus cambios laborales se debieron a conflictos de personalidad, sino incluir motivos debidos a la compañía, e inherentes al desarrollo y la actividad de la empresa... Entre tanto, quizás esto les sirva.

Fui a mi archivo, busqué los formatos básicos de currículum correspondientes a cada tipo y los repartí aclarando:

—No olviden que esto es tan sólo una base, que cada individuo es un mundo laboral en sí, y que las variaciones en secciones y títulos son siempre posibles, y casi siempre necesarias. Veamos cómo hacen ustedes el primer ejercicio. Les ruego recordar que:

• La *preparación* del currículum es fundamental. *El currículum es su imagen:* debe estar tan cuidado como usted mismo en el momento de la entrevista.

• El *tipo de currículum está de acuerdo con su historia y sus objetivos.* Conviene tener en claro quién se es, qué se ha hecho y qué se quiere, antes de redactar el currículum definitivo.

• El *currículum cronológico* conviene cuando se desea retomar la carrera en un área similar a la anterior. Va retrocediendo de lo más reciente a lo más alejado en el tiempo, y es más detallado y preciso en lo reciente, y más difuso y general en el pasado lejano. Fue el currículum de moda hasta los años 80. En todo caso, es el que todo el mundo conoce y trata de elaborar, aun quienes no tienen ninguna idea ni método sobre cómo buscar un empleo.

• El *currículum* llamado *funcional* es el formato que se generalizó a partir de los años 90. Permite destacar las principales aptitudes y habilidades, independientemente del momento o empresa donde ha transcurrido la vida laboral. Desde una perspectiva de "marketing personal" es más vendedor. Además, permite pasar a segundo plano temas un poco escabrosos como edad, o carencia de un título profesional, etc. Este tipo de currículum también es aconsejable si se desea producir un *importante cambio de área laboral.* El énfasis se pone en los objetivos, las capacidades, la experiencia y la formación. El resumen cronológico de la vida se remite a una sección dentro del currículum, que puede ser "Experiencia laboral".

Y, ya cercanos al año 2000, hay un tercer tipo de curriculum. Lo llamaré "propuesta laboral". Es un tipo de documento, siempre acotado a 2 páginas, que no sólo relata el pasado laboral sino que hace énfasis en lo que la persona puede hacer si lo contratan. Es más una propuesta de acción que un relato de lo que hemos hecho antes. Más adelante les daré ejemplos, pero no olviden que...

• *Cada persona determina su propio tipo de currículum*, que se adapta a ella misma. Esto quiere decir que se admiten variantes individuales, y también combinaciones de los tipos anteriores.

• *Las secciones infaltables del currículum son:* datos personales, formación, objetivo laboral y resumen de antecedentes. Una sección "Personal" queda a opción del postulante.

• *No tema inventar secciones* o títulos propios de su historia individual: el currículum debe adaptarse al individuo.

• *Haga varios borradores* y hágalos revisar y criticar antes de aceptar uno como definitivo. Esté preparado para rehacerlo y mejorarlo tantas veces como sea necesario.

• *Revise cuidadosamente la forma de expresión. Cuide la longitud.*

Estudie los formatos y modelos que se presentan a continuación y luego prepare los propios.

FORMATO DE CURRICULUM FUNCIONAL
(Hoja 1)

....*(Nombre y apellido)*
....*(Dirección)*
....*(Código postal, ciudad)*
....*(Teléfono)*

OBJETIVO LABORAL

....
....
....

RESUMEN DE ANTECEDENTES

....
....
....

MAYORES LOGROS
.........................*(Posición)*

* ....
* ....
* ....
* ....
* ....
* ....

FORMATO DE CURRICULUM FUNCIONAL
(Hoja 2)

EXPERIENCIA LABORAL

Compañía ....
Localidad ....
       Posición .... *Fechas* ....

Compañía ....
Localidad ....
       Posición .... *Fechas* ....

ESTUDIOS

Universidad ....
Año de graduación ....
Título obtenido y especialidad ....

PERSONAL (opcional)

FORMATO DE CURRICULUM CRONOLOGICO
(Hoja 1)

....*(Nombre y apellido)*
....*(Dirección)*
....*(Código postal, ciudad)*
....*(Teléfono)*

OBJETIVO LABORAL

....
....
....

RESUMEN DE ANTECEDENTES

....
....
....

EXPERIENCIA LABORAL

Compañía..
Localidad..
   Posición........................... *Fechas* ....
   Area de responsabilidades...
....

   Logros:
      *...
      *...
      *...

FORMATO DE CURRICULUM CRONOLOGICO
(Hoja 2)

Compañía..

Localidad...

Posición............................ *Fechas*............................

Area de responsabilidades....................................

....

Logros:

* ....

* ....

* ....

ESTUDIOS

Universidad..

Año de graduación...

Título obtenido y especialidad...............................

PERSONAL (opcional)

Modelo funcional

ALICIA TORRES

Licenciada en Publicidad
Av. Medrano 233 5° "A"
1405 - Buenos Aires
Tel. 984-4002

PLAN DE CARRERA

Busco una posición de responsabilidad en el área comercial de empresas de productos masivos y/o servicios.
Considero acordes con mis conocimientos y logros, posiciones como: **Asistente de Gerencia de Marketing** *y/o* **Comercial - Jefe de Producto - Promoción o Publicidad**, *etc.*

PRINCIPALES AREAS DE EXPERIENCIA

✓ *Elaborar planes de marketing directo y general.*

✓ *Planificar ventas y desarrollo de nuevos productos.*

✓ *Coordinar la labor de varios departamentos y/o personas para producir un producto o lograr un objetivo.*

✓ *Generar programas de incentivos promocionales que incrementen ventas o clientes.*

✓ *Desarrollar material promocional escrito y físico.*

✓ *Liderar equipos de promoción.*

ALGUNOS LOGROS DESTACABLES

•• *Implementé nuevas formas de captar socios, para una importante empresa internacional de venta directa, logrando un crecimiento sostenido del 15% trimestral.*

•• *Fui responsable de un presupuesto de U$S 1.200.000 anual.*

•• *Negocié canjes de mercaderías y espacios publicitarios en el catálogo, que llevaron a **costo cero** el ingreso por socio.*

•• *Creé y dirigí departamentos de ventas especiales (artículos varios), logrando una contribución marginal del 5% sobre las ventas totales y la eliminación de stocks indeseados.*

•• *Implementé una campaña de marketing directo y telemarketing para una empresa de Personal Eventual, que redujo los costos de publicidad en un 50% con gran incremento en las ventas por zona de influencia.*

TRAYECTORIA LABORAL

Junio 1983 a la fecha   **INTER PAD S.R.L.**
Rubro: Consultoría en Marketing y elementos de promoción.
*Función: **Socia Consultora***

A cargo de asesoramiento en marketing a empresas clientes (de productos y servicios) y desarrollo de material de promoción.
Coordinar el Departamento de Arte, y Proveedores. Supervisar promotores.

Julio 1981 a Mayo 1983 **CIRCULO DE LECTORES S.A.**
Rubro: Editorial de libros
Función: **Jefa Area de Marketing**

Tenía la responsabilidad de captar socios por medio de la revista-catálogos (marketing directo). Dirigía el Departamento de Ventas de Juegos para Niños y Adultos, con desarrollo de productos y proveedores.
Definía la estrategia a seguir en planes trimestrales.
Desarrollaba ofertas especiales, folletos y eventos, y era responsable editorial de un suplemento.

CAPACITACION ESPECIALIZADA

Cursos:

— *Administración de Empresas - (I.S.A.M.) 1 año.*
— *Marketing - (I.S.A.M.) 2 años.*
— *Técnicas Publicitarias - (E.S.A.C.S.) 1 año.*
— *Marketing Directo - (F.A.M.A.).*
— *Toma de Decisiones - (Business Process).*

DATOS PERSONALES

Argentina, 32 años, casada, 2 hijos

REFERENCIAS

Amplio listado a vuestra disposición

Modelo cronológico

Carmen Lucia Lardino
40 años - Casada - 2 hijos
Viamonte 4944 - 6° "H"
1240 - Capital Federal
☎ 988-1234 (part.)
☎ 903-1023 (ofic.)

OBJETIVO DE CARRERA

Lograr la posición de Gerente/Directora de Recursos Humanos de una empresa grande o internacional, para contribuir desde allí a la optimización de las relaciones empresa / empleados / comunidad, aplicando mi experiencia y las aptitudes adquiridas.

ANTECEDENTES LABORALES

JOHNSON & JOHNSON DE ARGENTINA
1984 a la fecha
Gerente de Relaciones Industriales
reportando al Gerente General

Responsabilidades

— Establecer, implementar y administrar la Política de Recursos Humanos.

— Manejar integralmente las relaciones con el personal.

— Representar a la empresa frente a la Comunidad.

— Diseñar, implementar y dirigir el Plan de Compensaciones y Beneficios.

— Establecer y coordinar planes de capacitación.

— Supervisar secciones: Administración de Personal; Seguridad e Higiene; Empleos; Protección de Fábrica; Comedores.

Principales Logros

— Promoví un cambio trascendental en la cultura de la organización a través de la implementación de programas de trabajo participativos, tales como: Círculos de Calidad; Grupos de Acción Correctiva; Control Estadístico de Proceso; y Células de Producción.

— Diseñé e implementé estrategias de relaciones laborales que permitieron que la labor productiva jamás fuera suspendida por medida de fuerza alguna, sea por conflictos propios o programados por el gremio de la actividad.

— Implementé un sistema de Administración de Personal computarizado, en IBM 36, eficientizando la información del área.

— Planifiqué y ejecuté estrategia de cierre de las operaciones productivas de Planta, despidiendo una población de aproximadamente 400 empleados, sin que se registrasen conflictos en el seno de la empresa ni de la Comunidad.

SAVA S.A.C.I.F.
1981 - 1984
Superintendente de Personal

Responsabilidades

— Supervisar las áreas de Administración de Personal y Servicios.

— Mantener el Plan de Compensaciones y Beneficios.

— Coordinar la actividad de Empleos.

SANDOZ ARGENTINA S.A.
1975 - 1981
Asistente Gerencia Relaciones Industriales (1975/76)
Supervisora Relaciones Industriales (1977/78)
Jefa de Relaciones Industriales (1979/81)

ESTUDIOS CURSADOS

Licenciada en RR.II.
   U.A.D.E., graduada en 1975

Manejo de idioma inglés

Conocimientos de PC: DOS - Lotus 1.2.3 - Harvard Graphics

Cursos/Seminarios

— Selección de Personal.
— Remuneraciones.

— Actualización del Derecho del Trabajo.
— Accidentes del Trabajo.
— Círculos de Calidad, Calidad Total, Productividad.

Enero 1995

Modelo p/joven prof. sin experiencia

LIC. CECILIA GOMEZ
Tucumán 320
(1054) Buenos Aires
Telef.: 301-4859

PLAN DE CARRERA LABORAL

Capitalizar y contribuir, con los conocimientos teórico-prácticos adquiridos a la gestión de una empresa permeable a la incorporación de jóvenes profesionales.

CAPACITACION ACADEMICA

✓ Lic. en Administración, egresada de la **U.N.B.A.**, en 1994, con promedio 8,3.

✓ Perita Mercantil, egresada del **Colegio Nacional Bs. As.**, con medalla de honor.

PRINCIPALES AREAS DE APTITUD Y HABILIDAD

La empresa que me contratara se beneficiaría con mi:

☞ Capacidad de análisis de problemas y pensamiento ordenado y sistemático.

☞ Fuerte constancia en el logro de mis objetivos.

☞ Respeto por las enseñanzas que me brinden personas conocedoras de la tarea.

⚬ Adaptabilidad y voluntad de esfuerzos y sacrificios para, rápidamente, generar beneficios a la empresa por el resultado de mis aportes.

ALGUNAS EXPERIENCIAS LABORALES

— *ESTUDIO RAFFO Y ASOC. 1993-95*
(consultores contables)
Me desempeño como ANALISTA FUNCIONAL DE BA-
LANCES.

— *ORGANIZACION TECHINT (verano del '94)*
Cubrí, temporariamente, un puesto de EMPLEADA
SR.

CAPACITACION COMPLEMENTARIA

— Fluido dominio del idioma italiano.
— Conocimientos prácticos sobre manejo de PC.

DATOS PERSONALES

Soy **argentina**, tengo **26 años**, soltera.

Capítulo VIII

Un plan de "marketing" para cada postulante

Mis amigos imaginarios y usted, lector o lectora, quizás estén pensando que todas estas páginas que anteceden, con sus normas, ejercicios y ejemplos, son más dignas de una maestra que de una profesional de la consultoría. No: es simplemente una vocación de servicio. Lo que puede parecer "docente", y que es, en realidad, simplemente un recurso didáctico, es que para poder prestarle esa ayuda que usted quizás necesite en su búsqueda de ubicación o reubicación en el sistema laboral estoy organizando todos estos contenidos de un modo sistemático, que sea transmisible claramente. Por eso presenté en cuanto pude el cuadro sinóptico de lo que a mi entender es la búsqueda laboral en su proceso global; y ahora, cuando ya, gracias a tanta introspección y ejercicio y método, usted ha de haber llegado a visualizar con claridad cuál es el objetivo que satisfaría sus expectativas y se adecuaría a su personalidad, estoy tratando de ayudarlo a proveerse de las armas que deberá usar en esta etapa: el planeamiento del mercado en el que usted es un producto. Persona, sí: pero producto a ser adquirido por un probable empleador.

Ya en la discusión del capítulo pasado quedó en claro que creo que el currículum es una herramienta básica en el proceso de búsqueda laboral: pero al decir "básica" ya está implícito que hay otras herramientas. Son varias, y deben ser organizadas para su comprensión y uso sistemático. Por esta razón es que intentaré una exposición "didáctica" para poder serle útil y ayudarlo a abreviar el lapso que lleva de una posición laboral a otra.

De acuerdo con las ideas que les he planteado hasta aquí, el objeto es llegar a pensar como un ejecutivo de comercialización. La pregunta que más rápidamente conduce a ello es ésta: *¿Qué decide a un comprador a comprar: la calidad del producto o la capacidad del vendedor?*

Sin duda, nadie comprará un mal producto por mejor que esté presentado, aunque es posible encontrar quien compre cualquier cosa, con tal de que la envoltura le plazca, podemos razonablemente aceptar que los compradores buscan productos buenos. Pero si acaso se presentan dos productos buenos, elegirá el mejor vendido, y no debemos olvidar que en la gama de "productos buenos" los hay más o menos buenos, mejores, excelentes... La diferencia entre uno y otro puede ser sutil; y lo que decide al cliente en favor de uno u otro no es esa diferencia sutil, sino aquel que mejor le vendan. Esto es, entre un "muy bueno" y un "excelente" es posible, gracias a la presentación, influir en el cliente hacia el "muy bueno": a tal punto es potente un vendedor hábil.

Ahora bien, si se considera que el producto es uno mismo, entonces el axioma a aplicar sería:

> El éxito depende tanto de la
> habilidad del vendedor como de la
> calidad del producto

Esto es, estrictamente, la base teórica del marketing. Los factores a tener en cuenta para establecer un plan de marketing aplicado a nuestra campaña de búsqueda laboral son:

CONOCER EL PRODUCTO

En este caso, es una variante del viejo adagio "Conócete a ti mismo": significa saber qué rasgos, habilidades, cualidades y logros se poseen. El medio para lograrlo es la autoevaluación. De este modo, se facilita la comparación con otros postulantes de nivel similar al propio, y aprender a realzar, en caso de competencia, un rasgo o logro que remarque la propia ventaja: esto es, por qué le conviene al empleador interesarse por uno más que por otro. Todo deriva de mantener la mentalidad de ejecutivo de marketing, y de no olvidar que uno debe considerarse a sí mismo como un producto valioso que debe presentarse en el mercado con el mayor cuidado.

Para seguir con nuestra idea, el segundo factor es:

ESTUDIAR EL MERCADO

La pregunta correspondiente se formula así:

¿Quiénes son mis compradores (empleadores) potenciales? ¿Conozco el mercado al que me ofrezco? ¿Qué más puedo saber?

El tercer factor está constituido por los...

Modos de relacionarse con el mercado

Aquí diferenciamos tres variables importantísimas:
Herramientas (¿Cómo interesar? Currículum, cartas
de acompañamiento, cartas de promoción).
Estrategia (¿Cómo conectarme? Teléfono, cartas, avisos, referencias...).
Entrevistas (¿Cómo persuadir? ¡Hay que ser eficaz y
rápido al demostrar las virtudes del producto, porque la
oportunidad no llama dos veces!).

El cuarto y último factor de este paso es

Saber negociar

Comparar ofertas, saber cuándo conviene exigir,
cuándo conviene ceder... En suma, perfeccionar el arte
de la negociación salarial.
Y todo esto se hace con una consigna:

> **Considerarse un producto en el
> mercado laboral**

Repasemos, entonces. El primer factor de este proceso de comercialización corresponde a la primera fase de
la búsqueda laboral: requiere mostrar la actitud correcta, lo que implica que hay que confiar en el propio valor.
El segundo factor requiere que se tenga una mentalidad ejecutiva en comercialización: no hay que dudar en
considerar que uno mismo es un producto en el mercado laboral.
El tercer factor es encontrar ese mercado. Este paso
implica tener en cuenta los objetivos que nos hayamos

marcado y el empleo ideal que nos hayamos propuesto como meta máxima. Como en todo lo que atañe a la vida concreta, ahora hay que buscar un compromiso entre "lo que quiero ser" y "lo que puedo ser"; entre lo ideal y lo real. Para esto será necesario efectuar un estudio exhaustivo del mercado que concluya por proporcionarnos un listado de las empresas en las que el postulante podría llegar a conseguir empleo: de esta manera contaré con algo objetivo, con lo cual podré confrontar mis deseos y metas. En este paso la consigna será: Confeccionar una lista objetiva de empleos posibles.

Luego deberé armar y desplegar mi red de contactos. Por supuesto, a continuación deberé aprovechar estos sondeos para obtener entrevistas.

Como se ve, cada paso que doy implica una consigna que, una vez cumplida, facilita mi acceso al paso siguiente. Ya hemos discutido ampliamente bajo otros títulos los aspectos que pueden estar influyendo el primer factor.

Desgano, abatimiento, falta de energía, desvalimiento, angustia, todo cuanto deriva del grave daño a la autoestima que se inflige a cualquiera en una situación de cambio involuntario aparece aquí, y se suma a ello el intenso estrés al que se ve sometida cualquier persona en situación de cambio. Todos los ejercicios de logros y autoanálisis que hemos ido sugiriendo tienden a evitar que el postulante se presente de un modo suplicante ante el empleador potencial y a desarrollar la sensación de que es una relación de mutuo beneficio y no un acto de caridad el establecimiento de un nuevo vínculo laboral. De allí que la consigna de este paso sea confiar en el propio valor.

Aclaremos un poco más lo que designé como segundo factor:

Puede expresarse así: ¿Quiénes son mis compradores potenciales? o ¿a quiénes les quiero vender?, o bien, ¿quiénes quiero que hagan ofertas por mis servicios? Estas preguntas sólo pueden responderse estableciendo el objetivo, sabiendo qué se busca. Esto es identificar el mercado posible; pero tal identificación implica estudiar exhaustivamente la situación del área laboral para elegir los empleadores potenciales, descartando las posibilidades que no interesen y preparando una buena lista de las que sí interesan. Por supuesto que esa lista puede estar ordenada mediante un sistema de prioridades, y puede ser confeccionada con un criterio metódico.

Y ahora es el momento de considerar una herramienta utilísima y, lamentablemente, poco utilizada por los buscadores de empleo no avisados: la red de contactos.

En inglés llamado "networking" o desarrollo de los contactos personales. Este es uno de los puntos cruciales para una exitosa búsqueda laboral: no es solamente desarrollar contactos, sino una red de contactos, y esa red debe estar en crecimiento, aumentando sus hilos. Digo que es fundamental por la simple constatación de un dato: la mayoría de los empleos no se publican.

Este conjunto de puestos vacantes que no son publicados en ningún diario configuran lo que suelo denominar "mercado oculto".

Un dato que puede resultar ilustrativo es que solamente un veinte por ciento de las personas en situación de cambio se reubican gracias a avisos directos de las empresas o confiados a consultores en selección de personal. El otro ochenta por ciento logra su reubicación gracias a una red de comunicación propia o "red de contactos" que funciona por referencia personal y directa, boca a boca, por decirlo así... O sea que la pregunta rectora de este paso es:

¿Dónde están los empleos?

Para averiguarlo hay que apelar a compañeros, amigos y conocidos que nos suministren información de lo que ocurre en el medio laboral de nuestro interés y que nos proporcionen contactos y derivaciones que a su vez nos den más contactos y derivaciones: es una red, un sistema de intercomunicación que filtra y nos abre las puertas del mercado oculto. Por supuesto que se puede tener suerte: pero a la suerte se la ayuda, y quien logra ascender metódicamente en la pirámide de contactos incrementa a la vez sus propios contactos y la importancia de sus conocimientos.

El proceso de construcción de la red funciona así:

— El postulante tiene su lista de conocidos.
— Cada conocido tiene su propia lista.
— El postulante, por derivación, va ampliando su lista.
— El postulante engrosa su capital de información útil.

Este engrosamiento es el objetivo de la red de contactos: llegar a saber dónde habrá una vacante, qué tendencia predomina, dónde hubo reorganización o la habrá, quién incorpora personal, en qué estado (expansión, estabilidad, declinación) está cada compañía; en suma, todo lo que sea un conducente en la búsqueda.

Un truco básico:

Si usted logra que su contacto se sienta partícipe en su búsqueda, logrará su buena voluntad para incrementar sus contactos.

Considere que son fuentes de datos todas las personas que usted conozca y que tengan relaciones, estén bien conectadas y ejerzan cierta influencia: no se olvide que a este tipo de gente les interesan las personas con potencial de desarrollo. Como dije antes, la suerte es un factor siempre necesario, pero hay ciertas actividades sistemáticas que pueden desarrollarse para ayudar a la suerte. Son las actividades de contacto:

* *Entrevistas informativas*
* *Cartas*
* *Llamados telefónicos*

Trataré de referirme en especial a cada una de estas actividades, pero en forma general permítame señalarle algunos consejos generales:

* *No ponga trabas por la distancia.* Si hay problemas de traslado, ya se verá después qué ocurre: por el momento un contacto que nos envía a otro contacto situado muy lejos puede resultar en que este último nos derive a otro, que nos derive a otro, que termine derivándonos a un vecino.

* *Pida orientación* sin fingir que no necesita el trabajo.

* *Sea afable con su contacto:* hágale sentir el respeto que usted tiene por él y sus conocimientos.

* *Trate de que lo deriven* a ejecutivos al menos dos niveles superiores a su meta.

* *No haga contactos antes de estar plenamente preparado,* con objetivos definidos, metas, currículum y demás.

* *Los amigos* pueden brindar entrevistas de cortesía.

* *No se confíe:* hay contactos que exageran su poder.

* *Sea sociable*: en reuniones, convenciones y seminarios usted hará nuevos contactos y retomará los viejos.

* Siempre *pida a un contacto los nombres de otros.*

* *No se muestre ávido.* Si hay un indicio de rechazo, no insista.

* *Envíe cartas de agradecimiento.*

* *Haga una llamada de seguimiento* a las dos o tres semanas.

* *Comprométase ante su contacto a informarle qué ocurrió y cumpla con hacerlo.*

* *Haga un seguimiento ordenado.* Más adelante le daré un método para el seguimiento.

Retomando un poco la idea general, habíamos dicho que la etapa de "networking" o red de contactos incluía tanto entrevistas informativas como cartas y llamadas telefónicas. Me gustaría ahondar un poco en cada una de estas posibilidades.

En las entrevistas informativas:

* *Nunca improvise.* Lleve preparadas o pensadas las preguntas que le darán información sobre el estado de la industria, los problemas empresarios, los estilos directivos y todo cuanto pueda serle útil. Pida ayuda explícitamente: no finja que habla por mera curiosidad. Pida presentaciones y referencias, de modo tal que haga sentir al otro que es un experto al que se consulta por respeto.

Al redactar cartas de contacto:

* *No haga una carta única para todos.* Tómese el trabajo de personalizar y adaptarse a cada contacto. Sea claro; diga por qué desea dejar o ha dejado su empleo; anote sus objetivos, pida consejo y proponga un encuentro, si la distancia lo permite, y adjunte siempre su currículum.
* *Haga el seguimiento con una llamada telefónica.*

Al realizar llamados telefónicos:

* Muchas personas sienten timidez ante el teléfono: acéptelo como algo normal y vénzalo con una pequeña práctica. Prepare lo que va a decir y ejercítese con compañeros y amigos.
* Comience con pocos llamados; aumente la frecuencia a medida que su confianza y seguridad se acrecienten. ¡Recuerde su propio valor!

* Lleve un registro seguro y confiable de sus llamados.

* Hable poco: evite dar la impresión de ser inoportuno, y resérvese para la entrevista.

* Si le pregunta qué pasó con su empleo anterior tenga preparada la respuesta: una evasiva puede ser contraproducente, y no debe responderse nada que pueda dar una impresión negativa.

Le prometí algunas reflexiones más sobre el *Registro de los contactos*. Aquí van:

Llevar un registro apropiado de sus contactos le será muy útil para ver con claridad sus progresos y cuáles serán sus próximos pasos. Este proceso lo ayudará a monitorear y analizar sus esfuerzos durante la campaña de búsqueda.

Usted puede diseñar su propio modelo de registro. No obstante, muchas personas han encontrado adecuado el siguiente estilo: la información puede registrarse en hojas o en tarjetas de 7 x 13 cm, similares a la siguiente muestra:

PROGRAMA DE CONTACTOS			
Nombre	*Teléfono*	*Fecha*	*Acción*

En suma, todo el tiempo que usted dedique a su campaña de búsqueda, ha de tener una predisposición constante hacia ampliar su red de contactos personales. Gran cantidad de personas que consiguen con éxito un trabajo a través de contactos personales no lo logran por la lista inicial, sino por medio de una fuente brindada por alguna de las personas incluidas en la primera lista (o, posiblemente, incluso, en una segunda o tercera). Siendo así es muy importante, obviamente, lograr que cada contacto le ofrezca a usted nombres para otros contactos. En una entrevista o por teléfono es perfectamente aceptable preguntar: "¿Con quién sugiere usted que yo hable?" o "¿Cómo se llama la persona que ocupa su posición en la empresa XX?"

El plan de acción no debe ser rígido, pero tampoco puede variar caprichosamente. Altérelo sólo si llega a su conocimiento algún dato de particular importancia; esto ocurrirá, con toda probabilidad, a través de la red de contactos. De no ser así, puede producirse a través de las cartas de promoción. Mantenga atención en ambos puntos.

Resumamos, entonces, antes de analizar algunos modelos de cartas que le daré como ideas-guía para su propia campaña:

Plan de "Marketing"

1 — Definir el producto.
2 — Definir el mercado.
3 — Establecer una red de contactos.
4 — Enviar cartas de promoción y difusión.
5 — Responder a los avisos que corresponda.
6 — Contactar a todos los consultores/selectores de personal.
7 — Mantener activo un plan de acción que permita abordar el mercado oculto.

Una reflexión, lector, lectora, entre usted y yo: esta sistematización de pasos y ejercicios es, como dije al comienzo, didáctica: es mi manera de transmitir los aspectos que mi experiencia me indica son positivos. Es tarea suya adaptar estos procedimientos y métodos que sugiero a su propia personalidad: porque de ningún modo está en mi intención influir en usted, como lo haría un docente que busca la formación, sino que deseo que usted se reubique en el mercado cuanto antes. Este deseo de servirlo hace que reafirme lo que escribí al comenzar este libro: yo le ayudaré en su búsqueda, pero esta es una tarea suya, indelegable, y mi función es sólo suministrarle los elementos de conocimiento que usted adaptará a sí mismo. Recuerde: podemos influir en las circunstancias que nos rodean. A eso destino este libro: a que usted influya más eficazmente en sus propias circunstancias.

MODELOS

MODELO DE CARTA DE MARKETING

Estimado señor...

Conociendo la importancia de su empresa en su segmento de mercado me he permitido escribirle estas líneas para rogarle me conceda una entrevista personal.

Desempeñándome como Gerente de Planta de (mencionar división y empresa), llevé a cabo un plan de suministros que incrementó la productividad en un 40% ahorrando $ 800 mil anuales en gastos operativos. Esto revirtió una tendencia de tres años de producción declinante y gastos de fabricación excesivos.

Actualmente estoy buscando completar mi carrera como Gerente de Planta/Director de Operaciones en una dinámica empresa en crecimiento que pueda valorar mi experiencia.

Soy Ingeniero en Electricidad, y estimo completar este año mi Tesis para obtener el título de Licenciado en Administración de Empresas.

Después de 10 años de experiencia en distintos esquemas productivos, poseo excelentes antecedentes en balances de operaciones técnicas.

A continuación detallo otros logros de importancia:

* Instituí un plan de integración vertical en (nombre de la empresa) que resultó en una inversión de capital de $ 500 mil, ahorrando $ 75 mil anuales. El proyecto involucraba un estudio de las posibilidades, replanteos y modificaciones en la tecnología de la inyección y eyección en el moldeo del vidrio y las posibilidades en la decoración de envases.

* Instituí un programa de control de ventas en (nombre de la empresa), aumentando la productividad de los concesionarios en un 15%.

* Ahorro de $ 125 mil anuales al reducir la rotación de personal, instituyendo un plan de remuneraciones con aumentos de salarios periódicos y progresivos, logrando una mayor competencia por los puestos, durante mi gestión en (nombre de la empresa).

Aprovechando sus conocimientos y experiencia en el mercado de (genérico), me gustaría solicitar su consejo y sugerencias respecto a la posición que busco.

Agradeciéndole su atención, aprovecho la oportunidad para saludarlo cordialmente.

P.D. Ruego indicar día y hora de entrevista al teléfono...

* * *

MODELO DE CARTA PARA
UNA BUSQUEDA POR CONSULTORA

Estimado...:

A la presente adjunto copia de mi currículum vitae para que sea estudiado de acuerdo a las necesidades de vuestro cliente.

Como muestra el mismo, obtuve un excelente récord como Vicepresidente y Director de Marketing, con volúmenes de venta superiores a los $ ... en la distribución de productos electrónicos y ópticos.

Aproximadamente la mitad de mis últimos catorce años han transcurrido desempeñándome como un ejecutivo de línea y staff en negocios internacionales.

Durante el horario de trabajo, puede ubicarme en el número de teléfono...

Sin otro particular, saludo a Ud. muy atte.

* * *

MODELO DE CARTA PERSONAL
(Informando al contacto de sus pretensiones)

Estimado...:
Una reciente reorganización en mi empresa dio como resultado mi decisión de intentar continuar los objetivos de mi carrera en otra organización. Mi meta es lograr una posición como Administrador Senior de la parte operativa.

Abandonaré mi posición actual en los próximos meses y en este momento estoy concentrando toda mi atención en contactar distintas firmas.

Adjunto a la presente copia de mi currículum vitae para que conozca mis actividades laborales hasta la fecha y para que me dé sus consejos, ideas y sugerencias.

Si Ud. tiene algún contacto o conoce alguna posibilidad que se complemente con mi experiencia y estilo, por favor hágamelo saber.

Lo mantendré al tanto del progreso de mi búsqueda.

Sinceramente;

* * *

MODELO DE CARTA EN RESPUESTA A UN AVISO

De mi consideración:
El aviso publicado en el diario... del día..., solicitando un Gerente de Capacitación, me ha resultado sumamente interesante y me gustaría poseer mayor información acerca de la posición.

Como lo indica mi currículum vitae, adjunto a la presente, soy Licenciado en Psicología. También he tenido diez años de experiencia en la organización, diseño y conducción de programas de capacitación en importantes empresas.

Quedo a la espera de su atenta respuesta a fin de concertar una entrevista personal.

Saludo a Ud. cordialmente;

* * *

MODELO DE CARTA PARA CONTACTAR
POTENCIALES EMPLEADORES

Personal Confidencial

Estimado...:
En el ejemplar de este mes de la revista "..." se vio reflejado el nuevo énfasis que vuestra Compañía le otorga a las Relaciones Industriales. Me agradó el artículo y concuerdo con varios de los puntos detallados en el mismo.

Como profesional con 5 años de exitosa experiencia pensé que mis conocimientos sobre el tema pueden ser de su interés.

En mi posición actual como Director Regional de una firma con un capital de $..., he tenido plena responsabilidad sobre la implementación de los programas de RR.II. de nuestras nuevas sucursales en Córdoba, Santa Fe y Chaco.

Algunos de mis logros más recientes, incluyen:

* Diseño del Manual del Empleado que utilizamos continuamente en la Organización.

* Entrenamiento de los individuos que dirigen las funciones del personal en Rosario, Catamarca, Neuquén y Chubut.

* Mantenimiento de las Relaciones Laborales Superiores en todas las plantas. Durante mi supervisión no se ha tomado ninguna acción disciplinaria.

* Mejora de la productividad y la estabilidad de los empleados. La rotación en las plantas que manejé está muy por debajo de las normas industriales.

Tengo 34 años, soy casado, con 2 hijos. Título U.B.A. (1965) y un Posgrado (1970) de la Universidad de Belgrano.

No tengo inconvenientes en el caso de traslado o viajes.

Confío en que será interesante y beneficioso para ambos mantener una entrevista personal; me comunicaré con su secretaria en breve para concertar una entrevista según le convenga.

Esperando poder colaborar con la excitante propuesta que enfrentan, saludo a Ud. muy atentamente;

* * *

MODELO DE CARTA DE AGRADECIMIENTO

Estimado Sr...:

A través de la presente deseo agradecerle su atención al dedicarme parte de su valioso tiempo en ocasión de nuestra entrevista, el martes ppdo., en la que hablamos de los detalles de la vacante que se producirá en el área de Relaciones Públicas de su Empresa. También aprecié considerablemente la oportunidad de hablar con los señores Pérez y Rodríguez.

Tal como le comentara durante nuestra conversación, considero que mi experiencia y aptitudes se ajustan especialmente a la posición requerida, en particular, mi desempeño en... y como Director de Prensa e Información en una sociedad comercial de primer nivel.

Además, contando con el beneficio de su asesoramiento respecto de las dimensiones del cargo, y sobre la base del material que he leído, confío plenamente en que trabajar para la firma me será tan positivo como aparenta haber sido en su caso.

De acuerdo con lo solicitado, estoy completando los requisitos de la solicitud, incluyendo también un duplicado de mi currículum. Apreciaré haga extensivo mi agradecimiento a los señores Pérez y Rodríguez por su amabilidad.

Eventualmente, es posible obtener un impreso sobre la película documental de 27 minutos que estuvimos comentando. Si lo desea, puedo encargarme de eso.

Lo saluda cordialmente;

* * *

Todos estos modelos dan buenos resultados pero hasta el más perfecto e inteligente "Plan de Marketing" sin duda resultaría inoperante si usted no lo concreta en un plan de trabajo semanal. A mi juicio, buscar un nuevo y mejor empleo es, en sí mismo, un empleo "full-time".

Es en estas circunstancias cuando su agenda personal debe lucir atiborrada de cosas por hacer.

Un buen Plan de Acción Semanal, sería:

1 — Tener al menos tres entrevistas de contacto y luego enviar las pertinentes cartas de agradecimiento.

2 — Enviar cinco cartas de difusión.

3 — Contestar todos los avisos apropiados de periódicos o revistas adecuadas *(Clarín, Nación,* revista *Mercado, Apertura, Negocios,* y las revistas especializadas en cada sector).*

4 — Contactar dos selectoras de personal.

5 — Hacer quince llamados telefónicos para establecer su red de contactos para la próxima semana.

Capítulo IX

¿Cartas?
¿Qué cartas?

Recomenzaré mi conversación con mis interlocutores imaginarios, los personajes que resumen a tantos seres humanos reales que he conocido en mi carrera. Supongamos que todo lo que expuse en el capítulo anterior lo hice ante un auditorio compuesto de nuestros amigos: no dudo de que el señor Arrogante estuvo tomando apuntes. Es un hombre capaz, y en cuanto correspondió hacerlo me pidió intervenir y, leyendo de su libreta, dijo:

—Según usted nos ha explicado, hay varias estrategias claves. La identificación del mercado posible; la obtención de información útil; la penetración en el mercado oculto; la respuesta al mercado publicado; recurrir a las empresas consultoras... Y los medios o herramientas a utilizar son el currículum, los contactos, el teléfono y las cartas.

—Todo eso —confirmé—, más algún detalle, configura la segunda fase de la búsqueda laboral. Primero se indaga hasta identificar las empresas en que se quiere trabajar; debo tener claro el objetivo, el por qué, y en cuáles, y en qué prioridad las deseo. Sin embargo, no existe una "etapa de búsqueda de información": se la recabará continuamente, de las fuentes más variadas. Entre las herramientas que usted enumeró, el currículum es primordial: pero de ninguna manera suplanta al programa de contactos personales. Ni tampoco puede ser utilizado aisladamente: debe ser acompañado y corroborado con otros medios, fundamentalmente las cartas. Considérenlas una segunda herramienta, pero de ningún modo de segundo orden. *Podemos distinguir tres tipos: la carta de acompañamiento, la de comercialización o promoción y la de agradecimiento.*

Pero mi auditorio tenía sus propias concepciones sobre el tema, y el señor Arrogante me interrumpió:

—¿Cartas de acompañamiento? ¡Eso es acumular papelería! ¿No habíamos quedado en la necesidad de búsqueda sistemática, de brevedad y concisión? ¿Para qué, entonces, agregar papeles?

—Claro —se sumó pensativo el señor Nervioso—, una carta que puede resumirse en "Saludos, ahí va mi currículum, léalo..." ¿para qué puede servir? El empleador la mandará al canasto o bien al archivo.

—Ambos tienen razón —contesté— y ambos carecen de ella. Cualquier carta de presentación no sirve; tiene que ser una escrita específicamente y con mucha conciencia y cuidado. Incluso la carta ideal debería ser personalizada, hay que averiguar quién es la persona de mayor autoridad para tomar decisiones en cuanto al puesto que nos interesa y enviársela a él, a su nombre y cargo. Eso llamará la atención y hará que nuestro currículum (que necesariamente y por su propia índole es un documento impersonal) se destaque del cúmulo. Todos sabemos que una campaña de búsqueda implica una multiplicidad de tentativas; la carta personalizada le quitará la sensación de "una más" que su empleador podría tener. ¡Y cuide de que tanto el cargo como el nombre de la persona, incluso el de la empresa, estén escritos y deletreados correctamente! Es asombrosa la falta de cuidado de la mayoría de los postulantes en este aspecto: escuchan un nombre por teléfono y lo escriben como suponen se deletrea. Así arruinan todo el efecto: sugieren falta de interés, o sea el efecto contrario. A la gente le molesta muchísimo que se escriba mal su nombre o su apellido. Allí está su identidad. Sean cuidadosos con estos detalles.

Ese es el primer recaudo: personalizar. El segundo es dirigir inmediatamente la atención del empleador hacia la capacidad o aptitud que lo destaca, ya que en los primeros renglones hay que remarcar logros o habilidades y hacer ver que serán útiles en la empresa. Eso le demostrará al empleador que usted se ha esmerado en averiguar lo que la compañía necesita y lo convencerá de que no es "un lance más", sino verdadera voluntad de ingresar; y el tercer recaudo, que complementa y refuerza el anterior, es una firme declaración de interés específico: usted dirá dónde y cómo quiere que sus habilidades sean usadas en la empresa. Es un modo de diseñar claramente su perfil ante el empleador, que se construirá la imagen de una persona interesada e informada sobre ese empleo en particular, y así se sentirá ya familiarizado con usted en el momento de la entrevista.

—¿Qué longitud recomienda usted, Cristina? —interrogó Maduro.

—¿Cuánto leería usted?

—Depende del interés que tuviese, del caso... No hay una longitud definida —se agitó Maduro.

—Exacto: yo suelo recomendar doscientas palabras, o sea, una página y media, pero cada uno sigue su propia norma. De todos modos, la carta no debe exceder dos páginas, y es preferible una; y siempre debe ser lo más completa posible. Y recuerden que esa carta es un elemento de imagen: el papel, el diseño, deben ser prolijos y agradables; la personalización debe ser total: asegúrense de que en el sobre diga "Personal y confidencial", que el nombre esté bien escrito, que su papel sea individualizado, si es posible, con sus datos. Podemos, si les parece, repasar estos puntos y expresarlos en:

1 — La carta de acompañamiento es un medio de realzar la propia personalidad.
2 — Sea breve, directo y personal.
3 — Incluya seis puntos:
  — Llame la atención al comenzar.
  — Resuma lo mejor suyo: logros, aptitudes.
  — Resuma antecedentes, pero, en general... ¡es mejor que se pregunten qué más pasó!
  — Presente objetivos: ¿por qué quiere cambiar?
  — Descríbase.
  — Pida la entrevista y defina su acción inmediata.

Luego de analizar estos consejos, la conversación siguió así:

—Acepto la carta de acompañamiento al currículum, pero usted habló de tres tipos de carta. Nombró la "carta de comercialización", ¿qué es? —preguntó el joven.

—¡Una inutilidad! Lo que sirve son los contactos personales —afirmó Arrogante—. La carta de acompañamiento, pase; pero nada más. ¡Los que funcionan son los contactos!

—¡Por supuesto que nada suplanta a la red de contactos! —confirmé—. Pero cuando el mercado oculto está allí, y su red de contactos no lo alcanza, hay que desplegar medios complementarios de apertura: promoverse con una carta es también un medio de comercializarse. No es fácil escribirlas; requieren concentración y método y representan una inversión de esfuerzo que quizás dé resultado en una quinta parte de los casos... ¿Y qué le importa a usted eso? ¿Dejaría de lado esa oportunidad? Deberá prepararse a enviar hasta diez cartas diarias. ¿No se justificaría tal esfuerzo con que una sola le abriese el acceso a su próximo y mejor empleo?

—Si yo envié el currículum con la carta de acompañamiento, ¿para qué enviar allí una carta de promoción? —contraatacó Arrogante.

—Olvida usted que su currículum pudo ir al correo en respuesta a un aviso cerrado (con C.C., dirección o remitente no identificables), y entonces no pudo personalizar su oferta, así que no envió carta de acompañamiento. Pero un postulante inquieto y que ha venido estudiando el mercado es capaz de deducir qué empresas son las posibles autoras del aviso, y entonces enviará cartas de promoción muy especiales...

—Trabajo de detective.

—¡Exacto! Y ese postulante imaginativo enviará dos cartas: una general, con un resumen de aptitudes, antecedentes y logros, que saldrá hacia todas las empresas interesantes... y otra carta, hecha especialmente para demostrar particular interés y conocimiento por un campo específico, cuando logra aislar una empresa en búsqueda.

—Agotador y poco redituable.

—¡Entonces no la envíe! —me exasperé—, ¡ni tampoco deje su cómodo empleo actual! ¡Por supuesto que la tarea será difícil! Pero la carta de promoción presenta ventajas: lo ayudará en su introspección, lo obligará a verbalizar con brevedad sobre sí mismo, aumentará su confianza... y esto siempre se necesita: por más fuerte que sea hoy su posición, si sale a competir al mercado laboral siempre será un postulante más.

—Y la posición de aquel al que despidieron, como a mí, es de por sí mucho más débil... —meditó Nervioso.

—La fuerza relativa de cada situación personal —aclaré— es mejor discutirla luego, al hablar de negociación.

Pero dígame, señor Nervioso, ¿dejaría usted de lado las cartas de promoción? Son una posibilidad más...

—¡Yo no dejaría de lado ninguna posibilidad! —fue la respuesta rotunda.

Así que confeccioné éstas...

GUÍAS PARA LAS CARTAS DE PROMOCIÓN

1 — *Prepárese a mandar de cinco a diez cartas por semana.*
2 — *Averigüe quiénes tienen poder de decisión.*
3 — *Que sus cartas marquen:*
   * Puntos notables en los últimos cinco años.
   * La experiencia anterior con resultados.
   * No pase de dos páginas, mejor una.
   * Cuide el estilo.
   * Sea detallista.
   * No mencione edad, salario ni datos personales.
   * Pida la entrevista.
   * No atosigue con fechas ni referencias.
4 — *Haga el seguimiento; llame por teléfono o visite el lugar, etc.*

Al leer lo anterior, el señor Nervioso se inquietó:

—¿No debería incluir alguna mención de mis pretensiones salariales? Y quizás ofrecer referencias...

Negué enfáticamente:

—El propósito es obtener la entrevista; el empleo viene después. En cuanto a las referencias, eso debe tratarse aparte: uno debe asegurarse de quién las dará, y debe haber acordado previamente qué dirán. Para ello, conviene hablar con cada "dador" potencial: puede dar referencias el ex jefe, o un compañero, o un jefe superior: un miembro del directorio es siempre conveniente. Que sean tres, y ninguna demasiado antigua. ¡Y no las ofrezca si no se las piden! Solamente sobre el final de la negociación cobran sentido las referencias... Y deben ser positivas, concisas, claras y creíbles: en lo posible, que incluyan sus logros, sus características personales y también algún punto débil pero minimizado o presentado de modo tal que no tenga peso. Y no olvide acordar qué dirá su referente respecto a las razones por las que usted dejó el empleo.

Entre todos, confeccionamos este resumen:

1 — Las referencias no deben exceder de tres y deben ser recientes.

2 — Quien las dé debe haber acordado previamente con usted qué dirá.

3 — Debe describirlo tanto a usted (minimizando sus defectos) como enumerar algunos de sus logros.

4 — Recuerde acordar una explicación simple y directa de su desvinculación. No aduzca conflictos personales.

5 — La referencia debe ser positiva, concisa, clara y creíble. Aclare su relación con el referente.

—Pero ¿qué pasa —preguntó el señor Maduro— si usted consigue las entrevistas, todo anda bien y sin embargo no obtiene el empleo? Imaginemos: después de todo ese esfuerzo, uno se prepara, llega a horario, con vestimenta impecable, saludo firme, confianza en sí mismo, convicción, y las calificaciones resultan irreprochables...

—Primero habrá que observar si la adecuación de las calificaciones y la experiencia son realmente irreprochables —observé—. Si es así...

El joven interrumpió:

—Cuando llegue el momento en que yo tenga que buscar empleo, ¿qué voy a ofrecer? ¿Capacitación? En la empresa hace menos de dos años que estoy y me cargan de trabajo, no de capacitación. ¡Quiero volver a estudiar!

Allí no voy ni para atrás ni para adelante: tengo veinticinco años, y perspectivas... ninguna. Me dan responsabilidades solamente. ¿Y sabe por qué? Porque los de arriba me tiran en contra. ¡Me tengo que ir porque no me van a dejar subir! En todo caso, quiero ir a algún empleo donde mis superiores no sean tan... tan difíciles.

—No creo que el problema esté en el estilo de sus jefes... —protesté.

—Entonces tendré que volver a estudiar. Con más de eso que usted llama "calificaciones" a lo mejor...

—Lo que usted plantea —reflexioné— es una forma de "reciclarse", volver a capacitarse para no dar por concluido su período de perfeccionamiento... Si es así, apunta a algo que para cualquiera de nosotros es una obligación. *La formación permanente se debe tener siempre en cuenta en el éxito laboral*: volver a estudiar, especialmente temas complementarios a su formación, es un propósito loable, porque nadie dice que cuando le dieron el título le dieron con él un aval de eficiencia eterna. ¿Qué quiere decir su graduación universitaria? Simplemente que usted sabe lo mínimo necesario para ejercer su función. Toda capacitación posterior, sumada a su experiencia...

—¡Pero ésa no es mi intención! Yo ya no quiero saber más: lo que a mí me frena es la gente, no la falta de conocimiento. Volver a estudiar es un medio de acumular títulos, para abrirme paso.

—Los títulos acumulados —le aclaré— no le darán mayor garantía de éxito profesional. Como máximo darán una pauta de su interés por la tarea de laboratorio, la tarea intelectual; solamente la conjunción de una formación universitaria con una experiencia intensa es favorable. El desempeño laboral es lo que vale. Si cuando tenga ambas cosas en sus manos, usted sigue sintiendo que se le bloquea el futuro o el desarrollo, entonces será imprescindible que piense en planificar su cambio;

pero cuando lo haga, no ponga tanto énfasis en ir a una empresa donde los mandos conductores, sean dueños o gerentes profesionales, le parezcan a usted más "flojos", o menos envidiosos, según su terminología. Es un punto de vista equivocado: el énfasis debe colocarlo en su autoconfianza y también en su formación, y en la evolución que usted haya podido darse a sí mismo: entonces verá que el entorno lo dejará avanzar. Ponga en primer plano su idoneidad profesional. Ese es su capital: ¡amáselo!

Iba a seguir aconsejando al joven, cuando me sorprendió la interrupción del señor Arrogante:

—Licenciada, llamemos al pan, pan, y al vino, vino: somos gente de empresa. Está bien, *pour la galerie*, hablar en esos términos tan idealistas... ¡Pero usted sabe tan bien como yo que lo que le está enseñando al chico es un error! También en algo que hablamos antes detecté un concepto abstracto, alejado de la realidad. No es que yo piense que usted lo hace deliberadamente: es la costumbre de expresarnos con eufemismos. Sin embargo, permítame decirle con toda franqueza, entre usted y yo, lo que sí es un capital: ¡los contactos! Mire mi caso: si quiero, puedo dejar el trabajo y quedarme seis meses sin empleo y sin mosquear: entre tanto, hablaría con amigos y conocidos, y no con cualquiera, no: con la gente que importa, y ellos sabrán cómo ubicarme en algo interesante. Le doy la razón: lo que vale son los contactos, eso que usted llama "la red".

—¡De ningún modo es así! —respondí—. La red es un instrumento de búsqueda: es uno de los medios; muy importante, de acuerdo, pero de ningún modo "lo único que vale". El valor se centra en ese capital que está más allá de todo embargo y toda pérdida: la experiencia y la idoneidad. Lo que a usted le permitiría pasar un período de desempleo libre de ciertas preocupaciones (pero ni se imagine que lo pasará bien: todos los demás factores de tensión subsisten) es un conjunto de bienes materiales que acompañan a una trayectoria de éxito y sustentan una cierta tranquilidad; pero lo único que le permitirá volver a empezar es su capital profesional: formación, más experiencia, más idoneidad.

El señor Arrogante no se dio por vencido:

—¡Reconózcalo, licenciada, reconózcalo! Lo único que vale son los amigos influyentes. Sin ellos, no hay posibilidades de reinsertarse en el mercado. Si no, ¿para qué construir esa elaborada "red de contactos" de la que nos habló?

—Los amigos —respondí— son un cierto capital en el mundo de los negocios y la alta gerencia. ¿Cómo voy a negar una realidad de ese calibre? Y usted los encontrará constantemente dispuestos al tenis, al golf, a compartir un trago... ¿Pero está usted tan seguro de que son ellos la fuente de su próximo trabajo? Nada se lo garantiza: le concederán una entrevista informativa por cortesía, y usted creerá que con ello han tomado un compromiso, cuando en realidad lo que han hecho es cumplir con una obligación que probablemente no irá más allá. Quizás, si es usted razonable, ellos le servirán para estructurar su red de contactos: le será más fácil pedirles presentaciones y derivaciones y difícil que se las nieguen: así que esos amigos influyentes le abrirán puertas, sin duda. Pero cada uno está en su empresa, dentro de su grupo: lo ayudarán sin darle garantías; y aquella persona a la que lo presenten le concederá una entrevista informativa, o incluso una entrevista de selección, pero no lo tomarán por mera deferencia hacia sus amigos. El mundo empresario acepta las relaciones amistosas, ¡pero es también sumamente realista! Si usted no sirve, ninguna recomendación, ningún amigo, le granjeará el puesto. Nadie se lo dará: usted debe ganarlo. La relación entre empleador y empleado es una relación de mutuo beneficio, no una concesión de favores.

—Todo eso es teoría, ¡pero mire en derredor! —la voz

del señor Arrogante retumbó sonora—. ¿Acaso cada uno no está ubicado en el lugar que menos se le adecua? Para bien o para mal, todos estamos en el lugar que nos dan, no en el que nos corresponde. Yo no me quejo, porque lo mío es una panacea: no exijo para nada, y lo que yo podría hacer es mucho más de lo que se me pide. ¿Y qué? Gano bien. Las cosas andan.

—Y usted está suficientemente insatisfecho —medité en voz alta— como para sentirse inútil. A nadie le gusta estar sobrando en el puesto: sentirnos útiles es una necesidad.

El señor Arrogante replicó:

—Como quiera, licenciada, pero no hagamos lo del avestruz. A las cosas se las mira de frente: ¡la gente tiene los puestos que tiene porque los pusieron allí los amigos!

El señor Nervioso y el joven me miraban. El señor Maduro acotó en tono muy bajo:

—Algo de verdad hay en lo que dice nuestro amigo.

—Algo, pero no todo —aseveré—. Existen, por supuesto, algunos puestos cubiertos por asignaciones que podríamos llamar "políticas", o en última instancia "amiguistas", pero son pocos: es una alteración muy grave del sentido de la palabra "contacto" lo que el señor está afirmando. El contacto es un puente, un medio para hacer conocer nuestra existencia: porque a lo largo y ancho del mundo empresario prima el criterio de eficiencia y de idoneidad. Los grandes puestos no se cubren por amiguismo: ninguna empresa pondrá al frente de un cargo de responsabilidad a un incapaz, por más contactos influyentes que tenga; y si por casualidad llega a ese cargo una persona así, no se mantendrá demasiado tiempo. Usted —y aquí señalé al señor Arrogante— debe tener muy lastimada su apreciación de sí mismo para no darse cuenta de que si se mantiene en su puesto es porque cumple con eficiencia sus funciones y no por sus "contactos" influyentes. Si hubiese causado pérdidas, ya lo habrían despedido. Así que cambie su actitud escéptica: adoptar esa pose ante el mercado le da a usted una alta probabilidad de fracaso. Y replantéese sus objetivos, pregúntese realmente qué busca, porque no sólo para mí, sino para todos nosotros es evidente que detrás de esa máscara de incredulidad, de esos gestos indicadores de "estoy de vuelta", lo que usted ha venido a buscar aquí es ayuda para sentirse útil. Si su empresa lo conserva en ese puesto que usted llama "panacea" es una prueba evidente de que usted posee potencial para sentirse funcionalmente bien y útil; sin embargo, que usted quiera abandonar esa "panacea" es prueba de que usted necesita algo más que su salario y sus contactos. Cuando busque un nuevo empleo, será un postulante. En esta época no hay vedettes en el mercado; el caballo del comisario dejó de correr. Olvídese de sus importantes contactos amiguistas y busque una empresa donde, aparte de tener una remuneración interesante, pueda sentirse productivo. El objetivo es ser feliz en el trabajo, señor mío, no darse aires de influencia y poder.

Paseé los ojos por el grupo reunido en mi oficina: todos estaban callados. El señor Arrogante se mordía los labios. Continué con un tono casi ausente:

—Cuando uno lanza la propia campaña de marketing hay siempre un elemento fóbico, un miedo a lo que esa campaña implica: hacer la lista de contactos es un trabajo duro, y ampliarla significa pedir, quedar debiendo favores, en última instancia, muchos lo malentienden por "andar suplicando". Grave error: la búsqueda está destinada a entablar una relación de beneficio mutuo. Por eso la lista de fuentes de contactos es imprescindible, como lo es la visita constante a las consultoras y mantener indefectiblemente un seguimiento incansable y constante. Asumir la actitud correcta es impedir que las tareas de la búsqueda nos desvaloricen. ¿Por qué temer exámenes o pensar que practicar una entrevista nos rebaja?

Entonces hice circular entre ellos las notas de resumen que se podían extraer de esta última discusión grupal:

En la campaña de marketing:

1 — *Supere la tendencia a desvalorizarse.*

2 — *Recorra todas las consultorías en selección de personal.*

3 — *Haga una lista de fuentes de contacto.*

4 — *Cumpla con los seguimientos.*

5 — *Admita la evaluación técnica.*

6 — *Siempre requiera respuesta de las consultoras. Haga el seguimiento de sus presentaciones.*

Capítulo X

La entrevista laboral

En la última parte de esta conversación con mis interlocutores imaginarios, hubo una frase del señor Maduro que atrajo mi atención: la pregunta que comenzaba... "¿Qué pasa cuando uno consiguió la entrevista...?" En el capítulo anterior la conversación siguió otro rumbo porque debíamos sistematizar un momento crucial de la búsqueda laboral, conseguir la entrevista, pero sin duda este punto, *lo que ocurre en la entrevista*, debía ser tratado a fondo, y en lo posible debíamos utilizar técnicas modernas, una ejercitación de *rol playing* que ayudase a superar el escollo de las preguntas de la entrevista de selección.

En mi práctica profesional he constatado que el apoyarse en ciertos elementos electrónicos como grabadores o videograbadores, logrando que algún amigo se desempeñe como entrevistador, ayuda muchísimo a poder autoevaluarse y juzgar la propia "performance" como entrevistado. Eso es exactamente lo que propuse a mis personajes que hicieran: por supuesto, E. Ror aseveró que él no necesitaba ninguna práctica.

—Realmente, licenciada —protestó—; me sale mucho mejor una entrevista así, de primer impulso. Además, el empleador es el que decide. La práctica que usted sugiere es divertida, pero no sirve.

Meneé la cabeza:

—Usted no puede controlar la mente de su empleador, pero puede influir sobre muchos factores que decidirán si la balanza se inclina a su favor o no. Ir bien preparado es importante.

El señor Nervioso intervino:

—Usted sugirió efectuar el simulacro con amigos, o un familiar que conozca mucho el tema...

—Sobre todo, más que la persona que lo ayude sepa del tema, es importante que sea usted, el entrevistado, el que demuestre tener un conocimiento profundo de la empresa a la que aspira a entrar. Es una ventaja. Conozca al otro, y sus probabilidades mejorarán.

—¿No será al revés? El que tiene que llegar a conocerlo a uno es el otro —rumió Ernesto—, y así decidirá... En la entrevista hay que mostrarse uno.

—Sin embargo —aseveré—, si durante la conversación puede usted mechar un dato que muestre cómo uno se ha interiorizado de los asuntos internos y del desarrollo del negocio, es decir, que se note que usted conoce la especificidad de la empresa, en qué se diferencia de la competencia, cuáles son sus puntos fuertes y cuáles las áreas potenciales a desarrollar: transmitirle al entrevistador que uno quiere ingresar a esa empresa en particular porque la conoce. Quien nos escuche probablemente nos preferirá a otro que no haya mostrado ese interés. Lo que estoy sugiriendo es hacer una averiguación exhaustiva, en forma previa a la entrevista, tanto de la organización como, de ser posible, de la persona que lo va a entrevistar.

Si puede, consiga en la oficina de ventas el balance anual y folletos de sus productos; y al visitar la empresa preste atención a la vestimenta de quienes la componen. Hasta el aspecto cuenta. A lo largo de mis años de práctica como selectora de personal, muchas veces he visto la siguiente actitud: Una persona recibe un telegrama o un mensaje telefónico en su casa. El mensaje es escueto: "Presentarse día tal a tal hora en..." y se menciona una dirección. Con suerte, hay una firma o nombre por quien la persona debe preguntar...

El grupo me miraba con expresión de asentimiento, dándome a entender que la situación que les planteaba era "lo normal".

—Lo normal —proseguí— es que la persona o postulante se avenga y espere día y hora para presentarse, ¿verdad?

—Claro —respondieron casi a coro.

—¡No! —les sobresaltó mi énfasis—. Lo que trato de enseñarles es que esa actitud será normal, pero resulta absolutamente pasiva. ¡Mi sugerencia, por lo contrario, es que un buscador exitoso de empleo hace un montón de cosas a su favor antes de tal día y hora!

—¿Usted sugiere presentarse unas horas antes? —preguntó el espontáneo señor Nervioso.

—Lo que sugiero —continué— es usar esa información a vuestro favor. Por ejemplo, visitando el lugar un día antes sabré qué empresa es, por ende podré averiguar los datos que al inicio de nuestra conversación le mencioné a Ernesto: producto, rubro, etc.

—Lo que usted sugiere se parece a enfrentar una pelea —meditó el señor Nervioso—: hay que conocer al adversario...

—Y, además, de ese modo nivelará usted el equilibrio de poder, ya que de lo contrario el futuro entrevistador sabe sobre usted, por su carta o currículum, y usted no sabe nada sobre él. La actitud activa lo hace a usted el postulante más interesante y puede contribuir a diferenciarlo de las restantes personas entrevistadas.

El señor Nervioso parecía inseguro. Al final se decidió a comentar:

—Yo hice ya una entrevista en *Apriori S.A.* ¡Tengo tantas ganas de entrar en esa empresa! Para mí significaría estabilidad durante los próximos diez o quince años. Así se lo expresé al entrevistador. ¿No es negativo este grado de excitación, Cristina?

—Lo es —repuse—, si usted manifiesta que son sus propios objetivos a largo plazo lo que provoca ese deseo. Su empleador busca a alguien afín a los requerimientos de ese momento de la empresa: así que hablar de metas de diez o quince años es contraproducente. Limítese a objetivos más cercanos: y vincule irrefutablemente sus capacidades con el presente de la empresa. Sea específico: hablar en general dará idea de una vaguedad que a su empleador no le interesa. El busca a alguien con un sentido agudo de los valores de su personalidad en relación con la empresa en ese momento: así que utilice lo que aprendió al prepararse para dar respuestas concretas, con objetivos específicos, de corto plazo y que subrayen cómo su personalidad contribuirá a la empresa... ¡y no al revés!

Con aire de entendido, Ernesto expresó:

—Eso se cae de maduro, Cristina... La última entrevista que tuve ni lo dejé hablar al tipo. Le mostré de pe a pa todo lo que yo sabía de él y de la empresa y de la industria.

—En ese caso —intervino el señor Maduro—, es probable que no haya mejorado sus probabilidades, sino lo contrario. Yo efectué muchas entrevistas de selección, y sé lo que se siente cuando uno escucha a un postulante darle a uno especies de cátedras teóricas sobre la empresa. Si el postulante habla demasiado, siempre buscando mostrarse, ¿cómo se va a enterar sobre el puesto, sin preguntar?

—Como regla general —corroboré— no conviene que, cuando al postulante le toca hablar, haga uso de esa franquicia más de un minuto por intervención; aunque sin duda hay que practicar para poder decir adecuadamente lo que uno necesita expresar sin usar más tiempo del imprescindible. Pero más importante que esta regla es mantener un buen balance en la conversación: *mantener un equilibrio entre lo que se dice y lo que se escucha.*

El señor Nervioso intervino:

—A mi ver, entonces lo preferible es callarse. ¡Que sea el entrevistador quien haga el gasto! Es más aconsejable cuidar las respuestas para no equivocarse.

—No señor, no es así; piense —pedí— que el empleador está esperando que usted lo convenza de sus buenas cualidades. El desea encontrar a alguien útil, que solucione sus problemas; está esperando que usted despliegue ante él los rasgos que lo hagan elegible. Quiere encontrar talento y experiencia, y sobre todo solución a sus problemas. ¡Ofrézcala! En la entrevista hay que tener al menos una idea general de cuáles son los problemas del otro y mostrar su habilidad para resolverlos. Su empleador se decepcionará si usted no se "vende" a sí mismo: y eso es lo primero que debe hacer. Luego "compre": porque es contraproducente dar la imagen de que usted no es ni selectivo ni minucioso. *Haga preguntas: en un principio, para "venderse": lo que usted pregunte será evidencia de su inquietud y su conocimiento; pero luego, hágalo para "comprar", para saber si le interesa el puesto, si le conviene. Consulte sobre los problemas; converse sobre los objetivos de la empresa;* pero hágalo en el momento apropiado.

—O sea, que el empleador se dé cuenta de que a usted no es fácil engañarlo. ¡Apenas usted se haya dado cuenta de que el puesto es suyo, exija el salario que tenía más un 10% o un quince! —se entusiasmó E. Ror.

Me indigné:

—¿Por qué va a querer engañarlo el empleador? Alguna vez ocurre que el entrevistador no revela información de importancia, pero suele ser deliberado, para comprobar si el postulante formula consultas sobre el tema. Hacerlo demuestra que se está verdaderamente interesado. ¡Pero muchísimo cuidado con el tema salarial! Es una cuestión delicada; toca no sólo el bolsillo, sino la emoción. Ni empleador ni postulante suelen saber cómo enfocar el tema. De su parte —me dirigí al señor Nervioso— es primordial haberse preparado: averigüe lo que ganan sus pares, lo que paga la empresa, el máximo que el presunto empleador puede ofrecer; consulte los estudios de sueldos y estadísticas, si las hay. Y, sobre todo...

Aquí hice una pausa significativa, antes de proseguir:

—*No se apresure a hablar de sueldo. No dé la impresión de que le importa más lo que va a ganar que lo que va a hacer.* Que sea el entrevistador el que saque el tema; y si lo hace demasiado rápido, antes de enterarse de sus calificaciones o de que usted se entere cómo será exactamente su empleo, cambie el tema, hágalo concentrarse en el convencimiento de que usted es el candidato más indicado para el empleo. Si no puede hacerlo cambiar de idea, sea sincero: diga que no sabe y pregunte cuánto ofrece la empresa. Y cuando le den una cifra... piense; ya habrá averiguado lo que se ofrece en el mercado, y dé al empleador esas razones; si la cifra es mayor, es bueno dilatar algo el momento de aceptar.

—¡Ojalá llegue a ese punto! —interrumpió el señor Nervioso—. Hasta que no escuche una oferta no estaré tranquilo... ¡Me pone tan mal que me hagan preguntas!

—Es que tampoco debe suponer que la oferta es el final del camino —contrarresté—; solamente en el momento en que esté ya instalado en su nuevo puesto podrá dar por terminada la búsqueda. Debe hacerse a la idea de que su estado anímico debe ser positivo y constante en cada etapa de la entrevista.

—A uno lo quieren poner nervioso —se sonrió el señor Maduro—. Por lo menos yo lo hacía. El que no se sale de la línea por más preguntas capciosas que uno le haga, es el que menos problemas va a tener después...

—Tal cual —corroboré—; muchos entrevistadores tratarán de inducir respuestas negativas. En este caso *convierta lo negativo en positivo:* si le preguntan por qué quiere dejar su empleo, explique por qué quiere un empleo nuevo; si le piden que mencione sus propios puntos débiles, mencione defectos menores, o rasgos que ya haya superado. Nunca diga: "Soy perfecto, no tengo ninguna característica negativa". Diga: "A veces me dejo tentar y me sobrecargo de trabajo", o "Me posesiono tanto que me olvido de la hora".

—Eso no es tan fácil —acotó el señor Nervioso— si lo negativo ya está en las propias calificaciones de uno, o en el propio currículum. Yo tuve algunas evaluaciones de desempeño hace muchos años, no muy buenas, y una vez me bajaron de categoría...

—De eso hace tiempo —recalqué—, así que si usted prepara bien su currículum, esos factores se minimizan. Por otra parte, usted tiene que llevar respuestas adecuadas preparadas: ríase de esa nota baja y aclare que luego tomó una actitud diferente, o que su experiencia posterior lo ha transformado en tal experto que ahora podría dictar un curso sobre el tema.

—Y lo del retroceso en la carrera —intercaló E. Ror— acháqueselo a un socio que tenía celos de usted, o diga que por ese entonces usted tenía problemas con su matrimonio...

—Yo no querría gente que trajese su vida privada a mi empresa —interpuso Maduro—; y menos gente pendenciera, que no supiese limar asperezas con los compañeros.

—Así es —confirmé—; nunca aduzca esas razones. Evite esos temas o suministre una explicación laboral plausible. ¡Y nunca, nunca, muestre ese ánimo decaído!

Aquí me incorporé y señalé al señor Nervioso un espejo:

—Mírese. ¿Ve esa mirada derrotada, esa expresión cansina? ¡Usted debe intentar sobresalir! ¡Ponga en alto su confianza, su voluntad de trabajar, su entusiasmo por el desafío! Esa es la clave: entusiasmo. Si uno lo siente, resulta contagioso: el empleador pensará que usted y él formarán un equipo de trabajo productivo y coherente. Cuando intervenga en el diálogo busque formar una imagen de usted en el empleo: descríbase resolviendo problemas, cumpliendo tareas... y no se deje llevar, como lo hizo Ernesto, ¡que no dejó hablar a su empleador! Ser impaciente es causa de rechazo. Interrumpir al otro, hablar de salario antes de tiempo, pedir adelantar la fecha del comienzo de tareas, no son signos de entusiasmo: son muestras de impaciencia, y eso desagrada.

—Uno no quiere una persona con problemas, ya lo dije —meditó Maduro—, y tanta ansiedad no presagia nada bueno...

—Bueno, hágame practicar —dijo Ernesto dirigiéndose al mayor—. ¿Qué otra cosa le hubiera chocado si hubiese tenido que entrevistarme a mí? Vamos, entréneme. Hágame preguntas.

Visiblemente extrañado el señor Maduro se incorporó:

—¡Pero...!

Allí intervine:

—Es cierto que practicar es bueno, Ernesto... ¡Pero el entrevistador debe ser tratado con cortesía! Esto no es solamente un consejo para dirigirse al señor Maduro: es también necesario aplicarlo en la situación real. Su misma ansiedad lo está absorbiendo de un modo tal que se ha olvidado de que el entrevistador también es una persona, a quien la entrevista lo tensiona; él también puede estar nervioso, preguntarse si podrá encontrar al colaborador adecuado, qué salario ofrecerá, cuál le aceptarán, qué pensarán sus superiores de su elección...

—Nunca se me ocurrió... —tartamudeó Ernesto, y se cortó.

—Pensar en el otro como persona —completé—; cosa que muchos entrevistados no hacen. ¡Es un grave error! Hay que sonreír, ser considerado, intentar lograr una armonía; la entrevista es una reunión entre dos personas. Nada, absolutamente nada, puede garantizarle el resultado positivo de una entrevista: ¿por qué, entonces, sumar elementos que pueden contribuir a que el resultado sea negativo? ¡Aclare el camino! ¡Elimine obstáculos! Si puede, averigüe algo sobre los antecedentes del entrevistador, y use ese conocimiento para aceitar los engranajes de la entrevista. La cortesía es el lubricante que regula las relaciones entre las personas: sin él, la máquina se recalienta y termina por estallar.

El señor Maduro sonrió y ofreció:

—Me gusta la propuesta de Ernesto: es una forma de practicar su *rol playing*, licenciada. Tengo experiencia en entrevistas de selección, y recuerdo bien lo que debía preguntar para evaluar debidamente al postulante. Les pediré a todos, incluso al joven que ha estado tan silencioso hasta ahora, que preparen sus respuestas. Yo asumiré, entonces, el papel del entrevistador.

El joven se agitó en su silla:

—No intervine porque... me resulta raro. Soy tímido. No me decido a interrumpir la conversación de ustedes...

—Intervenga cuando corresponda —aconsejó el señor Maduro—, pero decídase a hacerlo: la timidez no es en sí ni buena ni mala, pero no podemos aceptar que lo frene en su carrera. Les advierto —dijo Maduro dirigiéndose a todos— que voy a hacerles las preguntas más difíciles que se me ocurrían cuando yo seleccionaba personal...

—Eso no quiere decir difícil en contenido —aclaré—, sino que a veces se formulan preguntas capciosas, pero muy reveladoras.

—Exacto: para dificultad de contenido está el examen técnico —aclaró el señor Maduro.

Ernesto lo interrumpió:

—¿Examen técnico? ¡Eso es un insulto! Ahí tienen mi currículum y mis certificados para...

—¡Para nada que no sea lo que el empleador quiera! —intervino inesperadamente el joven—; un examen técnico no deshonra a nadie, y si uno se niega a tomarlo puede dar la impresión de que le tiene miedo. Y uno nunca debe dar impresiones contraproducentes en la entrevista. —El joven se iba empequeñeciendo claramente: su propia audacia lo había asustado.— ¿No es cierto, licenciada? Eso es lo que entendí... Espero no haber ofendido... Discúlpeme el tono...

—Aplíquese la lección, mi joven amigo —retrucó el señor Maduro—; si lo que acaba de decir es correcto, nada de disculpas ni miedos. Está dando una imagen psicológica de usted nada positiva, le aseguro.

—Ah, psicología —se estremeció el señor Nervioso—. ¡Esos tests que le ponen a uno! ¡Las trampas que le tienden a uno los psicólogos! Me ponen tan mal...

—Hay que estar en muy buena forma para enfrentarlos —rememoró Ernesto—; un día me pidieron que hiciera unos tests, y me temblaba tanto la mano que le pedí al entrevistador que me cambiara el día para realizarlos. Dense cuenta: si llego a hacer esos dibujitos con la mano temblequeante, ¡vaya uno a saber qué conflicto me inventaban esos rebuscadores de cerebros! Lo que no sé es por qué no me llamaron después —reflexionó E. Ror—; hasta ahí todo andaba sobre rieles...

—El entrevistador suele pasar un informe de cómo se condujo el entrevistado —murmuré secamente—. ¿Y qué piensa que puede haber escrito de usted?

—Vamos a las preguntas —cortó el señor Maduro—. Después de todo, en nuestra reunión del capítulo anterior dijimos que era el momento más difícil de obtener, el más soñado por todos...

—El mercado laboral es duro —rememoró el más joven—. Conseguir una entrevista a mí me resultó más difícil que acertar la lotería...

—Llegar a las empresas selectoras y consultoras —intervino Nervioso— es cuestión de informarse; pero después... —suspiró—. Yo les llevé mi currículum a todas, y nada.

Ahí me pareció necesario intervenir:

—Presentarse a las consultoras de búsqueda y selección de personal es imprescindible; pero *esas empresas trabajan para el empleador, no para usted.* No alcanza con llevarle el currículum: sólo lo llamarán si el material que usted les dejó para archivo parece corresponder a la búsqueda en que están embarcados, así que hay que insistir con cordialidad en conseguir una entrevista. Cuando la tenga, hay que "venderse" bien ante el selector, y luego hay que tener constancia en el seguimiento y mantener un contacto regular, porque puede aparecer una posibilidad que en el momento de la entrevista no haya existido y es conveniente mantener viva en la mente del selector la idea de que usted es un postulante que lo hará quedar bien ante el cliente, si se decide a presentarlo.

—Esto es una práctica —reclamó Ernesto—. Por difícil que sea, demos por sentado que la entrevista está conseguida.

—Me contestaron la carta por el aviso...

—Me llamaron de la selectora...

—Un contacto me dio una derivación, y así conseguí la entrevista...

—La carta de promoción impresionó a un gerente...

—¡La batalla está ganada! ¡Tengo la entrevista!

—La mitad de la batalla —corregí— está ganada; ahora hay que superar la entrevista de selección. Comenzaremos el ejercicio. Señor Maduro, es usted el entrevistador y tiene a sus postulantes frente a usted. Lo escuchamos.

Maduro se repantigó en el sillón, entrelazó los dedos y empezó:

Pregunta uno: Cuénteme algo sobre usted.

—¡Yo, señor, yo! —exclamó el joven—. Soy el más brillante postulante porque tuve diez absoluto en todas las materias, soy medalla de oro...

—Yo tengo un brillante historial, cargado de experiencia y logros, y puedo mencionarle... —se apresuró a decir E. Ror.

Ante tal ataque simultáneo, Maduro se echó atrás en la silla y se tapó los oídos. El joven y Ernesto seguían hablando sin parar. Me costó hacerlos callarse:

—¡Basta, basta! Esta es una pregunta para entrar en calor; ¡no hablen de más! Están quemando las mejores municiones de la batalla, desperdiciando la venta de sus mejores puntos fuertes... Un minuto, dos minutos como máximo: más no se debe hablar. ¿Qué diría usted, señor Nervioso?

El aludido hizo un esfuerzo y carraspeó:

—Yo hablaría de cuatro cosas: los primeros años de mi carrera, mis estudios, la trayectoria laboral y la experiencia más reciente que haya tenido. Tengo para pensarlo y practicarlo, con un amigo o una grabadora, para que ese mínimo resumen quepa en un minuto y medio o cosa así. Pero de ese modo enfocaría la pregunta.

Me miró implorante y lo felicité:

—Exacto, y bien pensado. Tenga más aprecio por su inteligencia, señor Nervioso: ha dado con la respuesta y la actitud apropiadas. Ahora, atentos...

Pregunta dos: ¿Qué sabe usted de nuestra organización? —dijo con cierta pomposidad Maduro.

Ernesto se adelantó a contestar:

—Seré sincero con usted. Todo el mundo en el mercado dice que esta empresa está repleta de problemas, así que ustedes me necesitan. Por eso vine.

El rostro de Maduro fue un arco iris. Antes de que pudiese reaccionar, el joven exclamó con suficiencia:

—Me he documentado con toda precisión. Lo sé todo sobre ustedes. No creo que pudiese sugerirme un punto sobre el que yo no conozca todos los datos pertinentes. Para demostrárselo, le haré un resumen de los productos y servicios que ustedes ofrecen, los ingresos, la reputación, la imagen, las metas, los empleados, la conducción, la historia y la filosofía de esta empresa. Comenzaré por...

Corté rápidamente la catarata de palabras:

—¡No siga usted por ese camino, joven, o será un gran émulo de nuestro señor E. Ror en el futuro!

—¿Pero acaso no he cubierto todos los tópicos sobre los que es conveniente que tenga información para conversar? —interrogó desconcertado el muchacho.

—Exacto: debe poder hablar de todo eso, es verdad. ¡Pero no dé la impresión de que lo sabe todo! ¡No abrume al entrevistador!

—Ya le dije lo que pienso de los charlatanes —mechó Maduro—. ¡Y los sabelotodo no me caen mucho mejor! Me gusta que sepan, pero me gusta que puedan aprender algo también: que hagan preguntas inteligentes y que escuchen. Eso muestra interés y buena disposición.

—En cuanto a lo que respondió antes Ernesto —comenté—, no siempre es tan bueno mostrar una sinceridad absoluta. Por más que la verdadera razón sea que el río está revuelto y uno quiere ser pescador, decirlo es chocante.

—¡Me hartan los oportunistas! —rezongó Maduro.

—Hay que invertir el signo de la respuesta —continué— y hacerla positiva: Ernesto debió decir que en sus investigaciones había descubierto que la compañía presentaba desafíos que le interesaba enfrentar, y dar razones. Vamos ahora a la...

Pregunta tres: ¿Por qué desea trabajar con nosotros? —interrogó Maduro.

—Porque me gusta la gente —se apresuró a decir E. Ror.

Maduro lo congeló con los ojos y repuso:

—¿Y qué otra cosa podría gustarle? ¿Los animales, los escritorios?

Cuando las risas terminaron intervine yo:

—Una buena respuesta se hubiera basado en los datos de la investigación preliminar, para explayarse sobre las necesidades de la compañía y el modo en que usted las satisfará: si ellos quieren creatividad dirá que le interesa integrar un grupo donde sea posible desarrollar nuevas ideas; si enfatizan el control financiero, usted resaltará su interés por los números, y así.

—Entonces —dijo el joven pensativo— si la compañía desarrolla tareas complejas con mucho personal, yo debería decir que me interesa aplicar técnicas de supervisión grupal avanzadas, aunque a mí en lo personal eso mucho no me llama...

—A ellos puede ser que les interese —recapacité—, pero si a usted no le interesa y averiguó en sus investigaciones previas que es requisito imprescindible, rechace la entrevista. Hay que evitar los puestos en los que uno no quiere desempeñarse: es difícil engañar al entrevistador, pero si uno lo consigue lo más que ocurrirá será verse encerrado en un lugar que en realidad no desea y sentirse infeliz. ¿Y qué sucede entonces con el objetivo primordial?

Paseé la mirada por todos. No hubo respuesta, y Maduro anunció:

Pregunta cuatro: ¿Qué me puede ofrecer usted que me haga preferirlo a otro?

Todos se miraron con cierta incomodidad entre ellos. El joven comenzó:

—Bien, yo tengo algunas cualidades útiles...

—No quisiera vanagloriarme, pero... —continuó Ernesto.

—¡Pero hágalo! —indiqué—. Este es el momento exacto para ser un poco ególatra: nada de timideces ni humildades falsas. Enumeren antecedentes que muestren su habilidad, citen hechos específicos de su currículum y de su lista de logros, subrayen su capacidad y sus intereses, remarquen su experiencia, mencionen su práctica en establecer prioridades, identificar y resolver problemas. ¡Muestren energía!

El señor Maduro anunció:

Pregunta cinco: ¿Qué es lo que más lo atrae de este puesto, y qué es lo que menos lo atrae?

Hice una señal para que nadie hablara:

—Típica pregunta capciosa. La primera parte es fácil: pero no se excedan. Den tres o cuatro, no más, factores agradables de la tarea. La segunda parte es trampa: para transformar lo positivo en negativo, nombre un factor que le disguste... ¡pero que en realidad se trate de algo de poca o ninguna importancia!

Maduro aprobó y anunció:

Pregunta seis: ¿Por qué debo darle el empleo?

El joven levantó despaciosamente la mano, y ante mi asentimiento dijo:

—Me parece que lo mejor sería resumir, en términos medidos, el elogio de uno mismo que se hizo antes: hablar de la capacidad, la experiencia y la energía que uno aporta a la empresa.

El señor Maduro aprobó:

—Tal cual. Ahora la...

Pregunta siete: ¿Qué busca usted en un empleo?

Con un susurro de añoranza, Nervioso contestó:

—Estabilidad, seguridad...

Hubo un crujido en la cuarta silla. Todos miramos allí: el señor Arrogante meneó la cabeza, mientras decía:

—Buenas perspectivas, un salario sólido y, sobre todo, que se me reconozca en lo que soy capaz de hacer. Quiero sentir que el grupo siente respeto por mí: no tanto en lo personal como en lo laboral. —Y al ver las miradas atónitas de los otros, exclamó:— Por supuesto que estuve escuchando. ¿No esperarían completar esta discusión sin mí, no?

—Imposible, amigo mío —intervine—; especialmente porque ha dado usted la respuesta más apropiada. Debe todavía aprender a controlar esos impulsos excesivos de su forma de ser: no hable aún de salario, es prematuro. Pero enfatizar las oportunidades que la empresa ofrece y su deseo de destacarse en ella es exacto. Hablar de la propia estabilidad es un error: muestra una debilidad que disgusta al empleador.

—Presagia problemas —amplió el señor Maduro—; y se ve que a usted le interesará menos la empresa que lo que saque de ella. Vamos ahora a la...

Pregunta ocho: Defíname el puesto ideal por el que se presentó a esta entrevista.

—Den una respuesta breve —me apresuré a indicar—; remítanse a las tareas y a las responsabilidades inherentes.

Todos se miraron, esperando a que otro empezase. El señor Arrogante al fin rompió el hielo:

—Pero no estoy del todo seguro de las tareas exactas que abarcará la posición. —Y dirigiéndose directamente a Maduro:— ¿No podría usted aclararme ese punto?

Maduro aplaudió:

—¡Exacto! La mejor defensa es un buen ataque. Si por su investigación conocen con seguridad la respuesta, denla; si no, pregunten. Pasemos a la...

Pregunta nueve: ¿Cuánto tardará usted en hacer una contribución significativa a la empresa?

—¡Desde el primer momento se notará mi presencia! ¡Me dedicaré íntegro! —exclamó ardorosamente el joven—. ¡No se arrepentirá de haberme tomado!

—Apenas conozca un poco al equipo... Porque yo no rehúyo las responsabilidades. No me tomaré ningún período de gracia —se encrespó Ernesto.

—No sé con exactitud: tres meses, o seis, quizás más —fue la respuesta de Arrogante—. Seré responsable desde el primer instante y me haré cargo de todo, pero conocer la empresa y el grupo a fondo, como para hacer una contribución o cambio verdaderamente relevante... —silbó bajito—. Eso tarda.

—Me gustan las respuestas valientes pero realistas —murmuró el señor Maduro—; el entusiasmo excesivo suele ser fantasioso, y el orgullo en demasía es algo soberbio. Ahora pasemos a la...

Pregunta diez: ¿Cuánto tiempo planea permanecer con nosotros?

—¡Espero que hasta jubilarme! —explicó el señor Nervioso, y luego nos miró tímidamente—. No debí haber dicho eso, ¿no?

—En realidad, no —aseveré—; porque aunque ése sea su deseo en lo profundo, usted debe pensar en función de los objetivos que usted y la empresa tengan en común. Responda que para desear permanecer debe sentirse estimulado constantemente, para que su deseo de avanzar en la organización no flaquee; haga traslucir que cuando sus objetivos y los de la empresa difieren excesivamente, usted pierde el deseo de permanecer; insinúe que eso es lo que ocurrió en su empleo anterior.

—Si me estro̶p̶e̶a̶ así todas las preguntas trampa —protestó el señor Maduro— no voy a poder eliminar a ningún postulante, Cristina. Vamos a la...

Pregunta once: De acuerdo con su currículum, usted tiene calificaciones demasiado altas para este puesto. ¡Tiene demasiada experiencia para una ubicación tan baja! El empleo le queda chico. ¿Por qué contestó este aviso?

—Para preguntas capciosas, ¡ésta se lleva el premio! —me admiré—. Lo mejor será esperanzarse en que, una vez establecido el vínculo con la empresa, los objetivos mutuos coincidirán. La relación será a largo plazo, y con toda seguridad habrá nuevas oportunidades, de nivel superior, cuando se compruebe que el desempeño es bueno.

—Se puede agregar que una empresa nunca puede quejarse de que su cuerpo gerencial sea más eficiente de lo necesario —agregó el señor Nervioso.

—Y que las oportunidades se presentarán porque un ejecutivo de gran experiencia y talento no puede ser dejado de lado en una empresa pujante —se sumó el señor Arrogante.

—Y que el empleador se verá beneficiado por la inversión que haga en uno, ya que tiene tan buenas calificaciones —apuntó el joven.

—¡Derrotado! —reconoció el señor Maduro—. Excelentes respuestas. A ver qué hacen con la...

Pregunta doce: ¿Cuál es su estilo de conducción?
—La orientación hacia el trabajo: resuelvo problemas, identifico lo erróneo, planeo una solución y la llevo a cabo —saltó Nervioso.

—La orientación hacia los resultados: cualquier decisión que tome estará determinada por la forma en que afecte a los subordinados —meditó el joven.

—Mi estilo es paternalista: me hago responsable de

mis subordinados y los oriento hacia lo correcto —estableció firmemente el señor Arrogante.

Ernesto vaciló:

—Y, no sé... Mi estilo es... el más adecuado a la ocasión. Creo.

—Un estilo firme y decidido, por lo que veo —comentó satíricamente el señor Maduro—. Yo, personalmente, solía tener un método de conducción muy abierto: delegaba responsabilidades y trataba de motivar a las personas. Compartir, ése es mi estilo. ¿Y el suyo, licenciada?

La pregunta me pareció poco pertinente:

—En lugar de responder a la pregunta, han hecho ustedes un hermoso listado de estilos posibles: y, más que pensar en ello, deberían hacer una evaluación de cuál es el estilo de conducción que se prefiere en la compañía. El de ustedes tiene que ser, en realidad, un complemento del predominante en el grupo; porque siempre debemos tener en cuenta el objetivo primordial: trabajar con felicidad, para que eso nos permita llegar a la eficacia. Si entre su estilo y el de los suyos hay contraposición... mala cosa.

—Ha eludido responder, con habilidad —sentenció el señor Maduro—; pero escuche mi

Pregunta trece: ¿Se considera usted persona ejecutiva de nivel gerencial? Si le parece que usted tiene un elevado potencial, deme algún ejemplo.

—No creo que sea yo quien deba responder esta pregunta —sonreí.

—Sin embargo —decretó tranquilamente el señor Maduro—, es usted una profesional, y nos ha marcado muchos errores... Varias veces ha repetido que dar por descontado el futuro es un error. ¿Cómo haría usted misma para enfrentar esta situación si yo fuera su entrevistador?

Acepté el desafío:

—Le respondería que sí, soy una buena ejecutiva. Tengo más de veinte años de experiencia en mi área: a partir de un título de socióloga me especialicé en el estudio de grupos humanos estructurados bajo el rótulo que llamamos "empresa". No he cesado un instante de capitalizar cada experiencia en la prestación de servicios, y así aumenté la cartera de clientes hasta el punto actual. Dada la espectacular evolución del grupo que fundé y dirijo, mi potencial está probado. Y que soy capaz de trasladar mi experiencia a otra área, si resulta necesario, está también comprobado por el mero hecho de la existencia de este libro. Estar escribiéndolo prueba que mi impulso y mi inquietud no se extinguen con el logro, y que no me conformo con lo hecho... Si usted necesita una socióloga capaz de dirigir un grupo, con una orientación práctica específica, señor Maduro, aquí me tiene.

Y al fin resumí, dirigiéndome a todos:

—A esto es a lo que aludo cuando digo que para "venderse" hay que vencer la falsa modestia. En nuestra sociedad, el valorizarse a uno mismo es una especie de tabú; pero en pro de la búsqueda laboral debemos descartarlo. Incluso en estas preguntas, en las que hay necesidad de efectuar un autoelogio, hay reglas que respetar: observen que en todo momento he tratado de insinuar que mi actividad pasada y mi idoneidad serían útiles al señor Maduro si tuviera un puesto que yo quisiera. Ahora continúo yo con las preguntas, y el señor Maduro será ante mí un postulante.

Pregunta catorce: Si usted fuera el responsable de cubrir la vacante a la que se está postulando, ¿cuál sería su criterio para elegir la persona ideal?

—Entiendo —dijo Maduro—; lo que uno quiere de los demás es índice de cuál es la personalidad de uno... Bien, en mi caso, lo que deseo es que tengan capacidad para avanzar en la empresa.

—Respuesta perfecta —comenté mirando a todos—; pero incompleta. Es buena, porque muestra que la disposición que uno ofrece al empleador es la misma que uno evalúa en los demás. Pero ¿qué falta?

—Exigir conocimientos —sugirió el joven.

—Pedir iniciativa —acotó el señor Arrogante.

—Adaptabilidad —prefirió el señor Nervioso.

Ernesto se mantuvo callado. Lo miré directamente:

—Ernesto, contésteme usted la...

Pregunta quince: ¿Tuvo que despedir alguna vez a alguien? ¿Por qué? ¿Cómo lo hizo?

—Esta debe ser una pregunta trampa —se lamentó Ernesto—, si me la hace a mí. ¡Estoy cansado de que me tome como ejemplo al revés! ¿Qué soy, el malo de la película?

Hubo risas. A regañadientes, Ernesto accedió a contestar:

—Sí, una vez me pasó. Y bueno, corté por lo sano: llamé al fulano y se lo dije derecho viejo. Por qué... y, ya ni me acuerdo.

—Me impresiona que no se acuerde —murmuró el señor Arrogante muy bajo—; yo tuve que despedir más de una vez y nunca me acostumbré... No me gustan esas tareas, pero si hay que hacerlas puedo cumplir con la misma eficacia con que hago otras cosas: porque al fin de cuentas el despido nos benefició a nosotros como empresa, y para el despedido fue un mal menor. Hubiera sido peor soportar la situación tirante que se había creado... El mismo sufría mucho. Traté de comunicarle la resolución de la manera más comprensiva posible y le ofrecí referencias para la búsqueda.

Hubo una pausa de silencio, en la que todos nos miramos. El señor Maduro fue quien se encargó de resumir:

—Si yo tuviera que elegir entre dos postulantes que hubiesen dado respuestas como las que oímos, elegiría al segundo, sin dudar. No es que lo de Ernesto sea absolutamente errado, sino que... es mejor que un alto ejecutivo actúe con sensibilidad y criterio, ¿no cree, Cristina? Asentí y les propuse la

Pregunta dieciséis: ¿Cuál creen ustedes que es la función más difícil de un gerente?

—Planeamiento, ejecución y control de costos —me espetó inmediatamente el señor Arrogante.

—Motivar a los empleados para que planeen y ejecuten la tarea dentro del presupuesto establecido —propuso el señor Maduro.

Ernesto los miró sorprendido:

—¡Los dos han dicho exactamente lo mismo!

No era así: la respuesta del señor Maduro había sido mucho más precisa y apuntaba al corazón del problema, en tanto que el señor Arrogante había tomado un enfoque mucho más general. Pero ¿para qué explicarle esto en detalle a E. Ror? ¡Seguramente se confundiría en la explicación! Así que opté por formular la

Pregunta diecisiete: ¿Por qué deja o dejó su trabajo anterior?

¡Esto sí que los perturbó a todos! El señor Arrogante miró al suelo, mientras decía:

—Yo suponía que por aburrimiento, pero...

—Porque mis jefes me tienen rabia —dijo entre dientes el joven.

—¡Me echaron porque la empresa no tiene palabra! —murmuró el señor Nervioso.

—Yo no quiero dejar: el tiempo me deja a mí —meditó Maduro.

Era el turno de Ernesto:

—Tuve un problema feroz con la gente —rememoró Ernesto—. ¡Era una pelea todos los días! Yo soy muy recto y digo las cosas de frente, y con mi forma de ser no se podía pretender que me callara cuando se veía claro que ahí el asunto pasaba por...

Le rogué silencio con un gesto.

Ernesto se frenó, y yo aproveché para comentar:

—¡Las respuestas deben ser breves! También deben ser honestas y específicas; no conviene mentir ni inventar historias: en general lo hacemos mal y, además, todo puede llegar a ser verificado. Pero ¿por qué perjudicarse? La forma de expresarse debe favorecernos. El señor Nervioso no debe masticar su rencor contra la empresa: fue despedido por reducción de personal y más vale que lo diga tal cual, sin aditamentos ni comentarios. De todos modos, resulta evidente que uno ha dejado el trabajo anterior por despido, es casi seguro que el entrevistador seguirá indagando, ¡y la verdad escueta será lo que más rápidamente lo dejará conforme! Nuestro joven amigo y el señor Arrogante pueden olvidar sus racionalizaciones y fantasías y simplemente decir que desean cambiar, que decidieron hacerlo: expliquen que sus objetivos no se cumplían en la empresa. Este enfoque sirve incluso para el despido: se puede alegar que ambas partes, empresa y empleado, llegaron a convencerse de que sus objetivos eran divergentes. Dicho de un modo gracioso, sería algo así como haber sido desvinculado por el mutuo acuerdo de estar en desacuerdo... Y lo único que nunca, nunca deben mencionar —me volví hacia Ernesto— ¡es haber tenido conflictos de personalidad! ¿Quién quiere emplear a un individuo conflictivo? —Y sin más, pasé a la

Pregunta dieciocho: ¿Cómo los afecta tener que perder su seguridad económica para buscar otro trabajo?

El señor Nervioso tembló. El señor Arrogante se encogió de hombros. El señor Maduro ni mosqueó. El más joven hizo una mueca. Ernesto dijo:

—No me preocupo. Con mis cualidades voy a conseguir trabajo en un santiamén.

—¡Esa es la única cosa que a mí me indisponía en un postulante cuando era yo quien hacía esa pregunta! —se indignó el señor Maduro—. No preocuparse es signo de inconsciencia, y yo no empleaba a inconscientes. Tener miedo... es humano. Es natural. Es valioso no dejarse dominar por el miedo.

—Así es —confirmé—; hay que expresar que sí se está preocupado, pero que el temor no lo forzará a uno a aceptar cualquier empleo. Al contrario; uno corre un riesgo para buscar el trabajo apropiado...

—Estoy de acuerdo —afirmó sorprendido el señor Arrogante—. Eso es lo que me pasa. Dejaré lo mío y me confiaré en... en mí. Espero que todo salga bien... Pero es más importante conseguir un trabajo en el que yo sea eficaz que mantener mi estabilidad actual.

—Aprobado el señor —exclamé—, y no sólo en su respuesta sino en el inmenso avance que ha hecho en la apreciación de sí mismo. Ahora la

Pregunta diecinueve: ¿Qué aspectos le agradan y cuáles le desagradan en su último empleo?

—¡Pregunta capciosa otra vez! —me señaló el señor Maduro—. Hay trampa: la gente tiende a recordar más lo desagradable que lo positivo, y una vez que entra a hablar de lo negativo se absorbe y puede perder el control. ¡Uno termina hablando mal de todo! Se acuerda de este incidente, de una discusión con un compañero, y al final el último trabajo parece un sitio horroroso...

Ernesto lo había estado escuchando muy reconcentrado y de pronto prorrumpió:

—¡Y fue así! Ahora que lo recuerdo, mi último trabajo era horroroso...

—Pero según su currículum —interrumpí— usted estuvo allí quince años...

—Sí.

—¿Y cómo aguantó tanto en un sitio así?

Ernesto se quedó mudo.

—Hay que dar respuestas positivas —terció el señor Arrogante—; recordar rasgos agradables...

—Y también los desagradables —completé—, pero minimizándolos. Ahora la

Pregunta veinte: ¿Qué opinión tiene de su último jefe?

—Hasta yo puedo darme cuenta de que ésa es otra de las preguntitas trampa —se alegró el señor Nervioso—. También acá, supongo, habrá que ser positivo y minimizar los rasgos negativos; porque quien me esté entrevistando se preguntará si en el futuro no hablaré de él como hablo del otro...

Asentí y propuse:

—Les plantearé algo más agresivo. Es la

Pregunta veintiuno: ¿Por qué a su edad y con sus calificaciones profesionales no está ganando un sueldo mejor?

—¡Es lo que le explicaba! —dijo en un arranque el más joven—. ¡En mi empresa están todos en mi contra!

—Pero a su edad todavía se justifica —contrarrestó el señor Nervioso—; en mi caso, a la empresa le fue tan mal que no podían pagarme más, y acepté un sueldo bajo para ayudar... ¡Pero fue inútil!

—¿De qué se defienden? —interrumpió brusco el señor Arrogante—. Si tenían sueldo bajo, ésa es una excelente razón para buscar cambiar de empleo. Díganlo, y basta.

—Absolutamente correcto —corroboré—. Y ya que estamos hablando de sueldos, ahí va mi

Pregunta veintidós: ¿Cuál es el sueldo que usted cree le corresponde a este puesto?

—Difícil —meditó el señor Maduro—. Es un punto para negociación... Yo intentaría evadir el compromiso de fijar un monto exacto, con la mayor cortesía. Trataría de mencionar una máxima y una mínima, con mucho espacio entre ambas.

—O si no —meditó el señor Arrogante— podría responderse con otra pregunta. Pedirle información directamente al entrevistador.

—Supongo que si la entrevista no pasa de un sondeo —murmuró el señor Nervioso— uno puede decir que antes de hablar de salarios necesita saber más del puesto.

El joven intervino con cierta inseguridad:

—Cristina, ¿no dijo usted que se puede conseguir la entrevista por medio de una consultora en selección de personal? Si ése es el caso, ellos pueden llegar a ayudar bastante...

—Así es —acepté—, siempre y cuando exista un nivel salarial ya establecido para ese trabajo. La misma función la puede cumplir un contacto, si es que usted obtuvo la entrevista de esa manera o quizás la información la haya obtenido usted en sus propias investigaciones sobre el mercado. La cuestión es saber si existe un nivel salarial asociado al puesto: si lo hay, usted puede expresar conformidad; y si desea aumentar algo su exigencia, puede pedir la intercesión de su consultora o de su contacto, que a pedido suyo le informarán al empleador de su pretensión, y así el camino quedará allanado.

—Y en todo caso —se esperanzó Ernesto—, si uno ve que la discusión es fácil, siempre puede aumentar unos puntitos más para ver si pasan...

—¡E. Ror! —exclamé con vehemencia—. ¿Qué clase de "canchereada" porteña, y disculpen el vocabulario, es la que usted propone? ¡Provocar una situación confusa tiene como único resultado indisponer al postulante tanto con el empleador como con la consultora de selección! Hay que ser claro y jugar limpio: no se puede pedirle al empleador más que lo que se acordó con el consultor que se iba a solicitar. ¡Lindo modo de estropear una negociación!

El señor Maduro meditó:

—Todo lo que hemos dicho implica tratar de hacer concordar lo que uno quiere cobrar con lo que la empresa quiere pagar; pero puede darse que el entrevistador continúe presionando sobre el tema, ¿no?

El señor Nervioso acotó:

—En ese caso yo daría la cifra de mi último empleo, y aclararía que deseo más... Pero dejando en claro que me importa sobre todo el trabajo. ¡No es una ley natural que el nuevo empleo signifique más dinero!

—¡Pero admitir un salario mucho más bajo —se encrespó Arrogante— es lo mismo que perder la propia estimación!

—Si lo que usted busca es un cambio drástico en su carrera —polemizó Nervioso— bien puede ocurrir que tenga que admitir un recorte sustancial.

Me pareció el momento adecuado para interrumpir:

—Y también puede ocurrir que el entrevistador esté intentando determinar el grado de su interés en el trabajo, así que tampoco debe darse la impresión de que el único atractivo es el dinero. Trate de comprometerse con el tema salarial lo menos posible hasta que lleguen las etapas finales de la entrevista: para ese momento usted ya se habrá dado cuenta de si la compañía tiene un interés genuino en usted, y si es así habrá una mayor flexibilidad en la negociación del salario. Vamos a la

Pregunta veintitrés: ¿Cuáles son sus objetivos a largo plazo?

El joven reflexionó profundamente antes de responder:

—Ya dijimos antes que establecer una meta excesivamente lejana podría ser abrumador o chocante... Así que creo que lo mejor será vincular la respuesta a los objetivos de la compañía. Como ya los habré averiguado durante mi investigación previa, explicaré dónde coinciden con los míos y...

—¡Ah no! —se impacientó Ernesto—. Mi objetivo es claro: ¡conseguir el empleo que ofrecen! ¡Qué tanta vuelta!

—La "vuelta" —regañó el señor Maduro— se justifica: yo no querría emplear a alguien con miras tan cortas. ¿De qué me sirve un ejecutivo que no tenga planes propios y una sana ambición?

—Y mi última pregunta —intervine— será la

Pregunta veinticuatro: ¿Cuál es, a su juicio, el grado de éxito profesional que alcanzó hasta ahora?

Consternación general.

—¿Exito, haber sido despedido?

—¿Exito, sentirse insatisfecho en el trabajo?

—¿Exito, estar frenado en la carrera?

—¿Exito, no vislumbrar ningún futuro?

—Exito, sí —mi calma no era en absoluto fingida—. ¡No cedan bajo la presión de las circunstancias! La vida tiene altibajos: son normales. Teniendo en cuenta eso, la forma en que ha progresado su profesión es bastante buena —me incliné hacia ellos y bajé la voz—, y eso es lo que deben decir. Hay que presentar un cuadro positivo y seguro de uno mismo, pero sin exageraciones. Pintar todo color de rosa hará pensar al entrevistador que está tratando de engañarlo...

—O, lo que es peor, que uno se está engañando a sí mismo.

Era la voz del señor Arrogante, que meditaba en voz alta:

—Es bueno hablar con reserva: en este caso, la reserva es persuasión.

—Y recuerden —completé— que la realidad nunca será como estas prácticas: necesitarán creatividad e imaginación, pero no habrá una diferencia abismal con estos ejercicios. El estado de ánimo, el nerviosismo, serán la diferencia más grande. Por eso prefiero no dar normas precisas, exactas, sobre qué responder en una entrevista: porque si bien habrá preguntas como las que usted y yo formulamos —aquí me estaba dirigiendo al señor Maduro—, cada caso tendrá su propia característica, y dependerá de nuestra adaptabilidad la flexibilidad de la respuesta que demos. El tema "entrevista" es el más variable y maleable de todos: pero practicando con inteligencia e imaginación se puede estar preparado de antemano.

—Y pensar que Luis se molestaba... —musitó Nervioso, más pensando en voz alta que como comentario hacia el grupo. Ante nuestra curiosidad, nos aclaró—: Se trata de mi cuñado, licenciada; él ocupa una importante posición ejecutiva en una empresa multinacional —explicó—. Algunas veces sus colegas, los consultores en selección, lo han llamado, sin que él contestara ningún aviso, para ofrecerle alternativas y, claro ¡¡él se fastidiaba!! Ojalá yo tuviera esa clase de "molestias"...

—No desespere —respondí— sin duda algún día las tendrá. De paso, le agradezco la oportunidad de mencionar esa situación. La expresión *head hunter* que se imparte al selector de personal parece extraña y fría pero, en realidad, el consultor de selección puede ser un contacto muy importante para ustedes, ya que les ayudará a que avancen en su carrera mucho más rápido que lo que puedan lograr sus amigos y colegas. Es importante saber manejar esta relación. Es cierto que los selectores de personal tienen casi siempre un interés profesional en sus interrelaciones y que están siempre presionados por las exigencias de sus empresas-cliente antes que por las necesidades de los candidatos; no obstante, ustedes son la parte esencial del triángulo, y cuanto más entiendan su rol mayores y mejores serán las probabilidades de que el selector los incorpore a su terna y los presente ante una empresa. *En el actual clima del mundo de los negocios la persona que efectúa dos o tres cambios en for-*

ma oportuna en su carrera comúnmente logra un puesto de mayor nivel que aquella otra que permanece en una empresa toda su vida. Cuando un consultor los llama, aun cuando ustedes estén en una posición parecida a la del señor Arrogante, es decir, ocupando un puesto interesante, ustedes deben saber que esta primera conversación está dirigida a averiguar sus antecedentes y qué actitud tendrían ustedes para efectuar un cambio. Aquí escuchamos acerca de ejecutivos que permanecen en una firma 15 años. Aunque sean excepciones, nos preguntamos: ¿cuántas personas realmente pueden permanecer tanto tiempo en una organización? La mayoría de los profesionales cambian de empleo cada 3 o 4 años en promedio, logrando ascender en su carrera lentamente, ocupándose de tareas que aumentan en responsabilidad dentro de una sola industria o áreas afines. Estos cambios se deben, en gran medida, a la influencia de los selectores de personal ejecutivo. Sin embargo, *el ejecutivo suele confundirse y sospechar del selector de personal cuando éste se pone en contacto con él en forma directa por primera vez.* Primero recordemos las obligaciones del selector de personal: por honorarios provenientes de sus clientes, el selector hace una búsqueda para averiguar dónde podrá encontrar la persona debidamente calificada según las especificaciones de su cliente. El selector tiene a su cargo todo nivel de búsquedas: desde niveles básicos hasta el de gerencia general: utiliza una variedad de métodos para contactar a las personas que piensa presentar ante sus clientes para su consideración. El selector de personal se orienta por referencias personales, guías empresariales, publicaciones como *Quién es quién* e incluso, en mi caso, me he permitido innovar utilizando la radio, en un programa matinal como vehículo comunicativo o lo que llamo *búsquedas por mailing,* vale decir, enviarle una carta descriptiva del puesto a 100 o 200 potenciales candidatos. El consultor debe reunir un cuadro íntegro de los antecedentes del candidato para así lograr una buena presentación. *¿Y qué espera el selector de ustedes? Pues, ¡sólo una reacción cordial!* Tradicionalmente, los consultores se dirigían a los candidatos, pero ahora está sucediendo lo contrario, y esta tendencia aumenta día a día: las empresas consultoras reciben en forma constante muchísimos currículum no solicitados, y aquellas empresas que tienen un servicio de computación para su tarea pueden computarlos y utilizarlos meses, incluso años después. Dejando de lado quién es el que inicia el contacto, mantener la relación dentro de ciertos parámetros de cordialidad favorece sumamente al candidato. Los profesionales con experiencia se sienten halagados cuando se les acerca un selector. Interpretan que su contacto se debe a que alguien ha dado buenas referencias sobre ellos. En la primera conversación les aconsejo tomar una actitud cordial y pasiva. Escuchen. Escuchen las descripciones del puesto aunque éstas no les interesen. Llegará la oportunidad de hablar sobre sus antecedentes. El selector sin duda indagará acerca de sus antecedentes para determinar si son ustedes la persona que su cliente está buscando. Algunas personas, sin advertirlo, no ayudan al selector en su tarea, y por lógica dañan la oportunidad de avanzar en su carrera. Siempre recuerdo el caso de un ex representante de ventas de IBM: él estaba convencido de que yo, como selectora, me había puesto en contacto con él por orden de su gerente y que sólo intentaba comprobar si realmente era fiel a la empresa. El señor en cuestión bloqueó tanto nuestra relación que perdió una ocasión de avanzar dos escalones en su carrera. Por eso mi consejo es: traten la visita en la misma forma que tratarían toda propuesta de negocios legítima. Piensen que se trata de un posible empleo. ¿Les interesa? No piensen que se trata de un truco, de una trampa. Si se sienten incómodos hablando del tema durante las horas de trabajo, entonces pídanle al selector entrevistarse fuera de ellas. En vuestro rol de candidatos ustedes pueden formular cualquier pregunta, pero no esperen detalles completos cuando se la respondan. Hablar acerca de sus antecedentes, su formación, tomará la primera parte de la conversación, y el selector determinará entonces cuánto se beneficiarán ustedes o no al efectuar este cambio laboral. Ustedes pueden preguntarle a qué clase de firma está representando y dónde está ubicada, pero no se desanimen si no les divulga el nombre de la compañía, debido a que las búsquedas siempre son sumamente confidenciales y delicadas. Rara vez se habla acerca del tema del salario en forma definitiva en esta instancia; sólo se pueden tocar preliminares. No se muestren esquivos ni den a entender que ustedes son "personas difíciles", pues estarán haciendo perder el tiempo tanto al selector como a ustedes mismos. Es obvio mencionar que el buen consultor cuida y protege su reputación al máximo. (Nunca olviden que al consultor le insumió años y años desarrollar su reputación de confiabilidad y sólo 10 segundos bastarían para destruir todo ese esfuerzo.) Se debe tener en cuenta que lo más valioso para ejercer esta profesión es la imagen, y debido a esta razón *un selector respetará mucho toda la confianza que ustedes puedan dispensarle* y estará de acuerdo, enseguida, en no mencionar sus nombres si ustedes se lo piden cuando tengan que referirse a otros contactos. Es frecuente que el selector de personal pueda darles una descripción de un puesto que a ustedes les parezca casi igual al que ahora tienen, o quizás ustedes pensarán que el puesto pareciera ser de menos responsabilidad. Deben comunicárselo, deben mostrar su inquietud, pero no dejen que el selector salga sin ninguna respuesta suya. Háganle entender la clase de empleo que realmente les interesa para el futuro, pues ustedes desean realmente que el selector regrese en otra oportunidad y les haga una mejor propuesta; si la conversación es amena, agradable, entonces el selector se ocupará del tema mucho más. Es conocido que no todas las firmas de búsqueda llegan a leer o conservan los currículum no solicitados, pero sí se debe tener en cuenta que la mayoría de los selectores preservarán el material correspondiente a aquellas personas en quienes invirtieron su tiempo. El selector de personal suele ocuparse de muchos casos a la vez, de modo que la chance de que él pueda encontrar justo lo que a alguno de ustedes le conviene no puede ser decidida de inmediato, y por esa razón tienen ustedes que tener paciencia. Pero no olviden que el selector los tiene en cuenta para el futuro, más si sus antecedentes y perfil profesional son óptimos.

Capítulo XI

Negociando a mi favor

Pero volvamos, querido lector, lectora, a esta conversación entre usted y yo, que ha tratado ya largamente de la tercera fase de la búsqueda laboral: su penetración en el mercado, con una meta fija: lograr un nuevo y mejor empleo. La entrevista y sus incidencias posibles son el centro de esta fase, y por eso el señor Nervioso había tomado notas y las repasaba en silencio. De pronto, levantó la cabeza y dijo:

—Licenciada, entiendo la importancia de la práctica, pero temo que mis nervios sean más fuertes. Me imagino las preguntas, me imagino las respuestas, me imagino todo... y el cuerpo se me pone tenso, me tiemblan las manos, me duelen los músculos de la mandíbula. ¡Lindo cuadro para presentarle a un entrevistador!

—La práctica de entrevista laboral tiene varios fines —aclaré—; no sólo le permitirá mejorar partes específicas de su presentación como postulante, sino ganar soltura en la expresión y facilidad en la postura: debe buscar una imagen enérgica y activa. Conviene que la situación de entrevista, tal como la hemos descrito, la haga con interlocutores críticos: conocidos, amigos que conozcan el medio empresarial o profesionales. No sólo debe ganar velocidad de pensamiento y expresión, sino que debe aprender a escuchar con atención las preguntas: porque es común que cuando se le formule una cuya respuesta usted ya pensó, tienda a responder con prisa y mecánicamente. En resumen, hay que respetar un ritmo ágil, con buena atención a lo que nos dicen, y dar respuestas veloces pero no apresuradas.

—¿Todos los entrevistadores plantean las preguntas que usted sugiere? —preguntó el más joven.

El señor Maduro abrió los brazos en gesto elocuente:

—¡La teoría no es idéntica a la realidad! La verdad es que entrevistadores experimentados hay pocos.

—Algunos hacen preguntas confusas —confirmé—; así que el objetivo es aprender a resumir y presentar las propias aptitudes y experiencias con tanta eficacia que incluso cuando no le formulen bien la indagación usted pueda inmediatamente elaborar una respuesta significativa.

—¿Qué quiere decir con "significativo"? —se interesó el señor Arrogante.

—Simplemente la característica de dar a conocer con facilidad las propias habilidades y talentos de modo tal que sea evidente que satisfarán las necesidades de la compañía interesada. Pero ahora debo hacerles una seria advertencia: cuando hayan culminado su preparación y sus prácticas tenderán, bajo la presión nerviosa de la entrevista, a escucharse a sí mismos y perderán contacto con las reacciones de su entrevistador. ¡Deben recordar que todo ser humano tiene un lenguaje postural y asume actitudes que en sí mismas emiten un mensaje! Parte de su mente debe estar apreciando esas señales: si su entrevistador está inquieto y esquivo quizás eso signifique que siente que su respuesta es demasiado extensa y que usted debe abreviarla... Si mira su reloj puede ser índice de que convendrá ir directamente al grano, porque tiene poco tiempo; en cambio, una actitud relajada, con su entrevistador hablando de temas vagos como introducción, puede significar que hay tiempo y está buscando una entrevista lenta, por lo que usted puede darse un ritmo más pausado... Cada entrevistador tiene características que usted debe observar, porque deberá adecuar su ritmo y su estilo a ellos; y como toda persona suele reflejar su personalidad en el entorno donde se desenvuelve, el despacho, la vestimenta, los adornos y el amoblamiento mismo serán señales que deberá atender. ¡Y recuerde que esta habilidad, una vez desarrollada, la conservará para siempre y lo ayudará en sus tratos con cualquier tipo de persona!

Me recliné en el asiento: estaba ya por dar por terminada la charla cuando el joven meneó la cabeza, con una actitud casi desfalleciente que me llamó la atención:

—Todo lo que usted nos ha dicho nos resultaría muy útil, Cristina, si fuese seguro lograr esa entrevista... Pero mi red de contactos, por mejor que la tienda, siempre será más débil y menos nutrida que la de los señores. Recuerdo la odisea que fue conseguir aquella entrevista antes de mi primer trabajo...

—Y tampoco a mí me resultará tan fácil —apoyó el señor Nervioso—; hay mucha gente que me contestará si los llamo por teléfono, pero quién sabe si me atenderán... mucho menos una entrevista.

—Las entrevistas personales son preferibles —recapacité—; pero el teléfono es una herramienta importante. Permite una interacción personal inmediata; pero no se satisfagan con la comunicación telefónica, considérenla siempre un medio para obtener la entrevista. Sin embargo, si no hay más remedio, también la entrevista telefónica es pasible de ser utilizada eficazmente. Consideren dos casos, que son a la vez dos tipos: la entrevista puede producirse por iniciativa suya o puede ser respuesta a una carta o contacto. Hablemos ahora del primer caso, que es el más difícil... O, mejor, demostrémoslo.

Pulsé el intercomunicador y pedí a una de mis colaboradoras que se acercase a mi oficina.

—Lo que haremos —expliqué dirigiéndome a todos— será, estrictamente, otro ejercicio de *rol playing*. He llamado a quien hace este trabajo en la vida real, pues quiero que observen que existe una técnica de la llamada telefónica. Yo seré el empleador potencial y ustedes los postulantes que intentan llegar a mí. Por supuesto, no seré yo sino mi secretaria quien los atienda...

En ese momento entró Silvia y le expliqué el ejercicio que deseábamos hacer. Tomó asiento y asumió su habitual rol de secretaria.

—Ahora, llámeme, por favor —pedí al señor Arrogante—. Desea usted obtener una entrevista conmigo.

El aludido titubeó y luego levantó un teléfono:

—¿Hola? Necesito comunicarme con la licenciada Mejías.

—En este momento está en una reunión —contestó mi secretaria—. ¿Quién le habla?

El señor Arrogante dudó. Le aconsejé:

—Use su título actual, para dar énfasis. De todas maneras ha hecho ya una falsa entrada.

—Déjeme probar a mí —dijo el señor Maduro—. Supongamos que ya he tomado la precaución de mandarle una carta de promoción y que logré averiguar el nombre de su secretaria. Eso me dará mucha seguridad, y no será tan difícil...

Y, sin más, se apoderó del teléfono:

—Necesito hablar con Silvia, la secretaria de la licenciada Mejías... Ah, ¿cómo anda usted? Aquí habla Maduro, gerente general de Productos Generales S.A., la licenciada está esperando mi llamada.

Triunfante, Maduro dejó el teléfono, mientras mi secretaria decía:

—Cómo no, señor. Ya le comunico.

—Observen que Silvia detuvo al señor Arrogante —remarqué— porque él no mencionó su nombre, tuvo momentos de duda y en general no dio una impresión segura, positiva y firme. El señor Maduro mostró esos rasgos, junto con amabilidad, y cumplió esa leve distorsión de la realidad, que no llega a ser una mentira, de afirmar que su llamada estaba siendo esperada, porque la había precedido una carta. Busquen el modo de obtener el nombre de la secretaria; y mientras le pasan la llamada al presunto empleador o contacto tengan presente lo que deben decir, porque es probable que cuenten con poco tiempo. Puede ser útil haber practicado previamente el mensaje, e incluso tenerlo escrito, a modo de "machete". Cualquier ejecutivo suele ser una persona ocupada, que instruye a su secretaria para que "filtre" las llamadas. De cualquier modo, eviten explicar la naturaleza del llamado hasta que no hayan logrado el contacto telefónico con la persona adecuada.

—Supongamos entonces que Silvia me ha dado con usted —dijo el señor Maduro alzando un teléfono—. Hola, licenciada Mejías. Espero que haya usted recibido mi carta y el currículum adjunto. Desearía saber cuándo podría usted recibirme.

—Muy correcto —comenté—; ir inmediatamente a la solicitud de la entrevista. Pero ahora le daré una respuesta típica —y yo también levanté mi teléfono imaginario—: Lo siento mucho, pero no tenemos ninguna búsqueda que se ajuste a su perfil. Sería inútil que nos encontrásemos, así que...

—Lo que yo deseo —se apresuró el señor Maduro— es el consejo de una persona experimentada; su opinión puede darme la ayuda que estoy necesitando en esta búsqueda. Tengo calificaciones y experiencia en mi campo, pero estoy desorientado.

—Eso fue acertado —indiqué a los demás—; ante cualquier objeción a la entrevista hay que elaborar una respuesta que trate de generar interés en el presunto empleador o posible fuente de contactos. —Volví al "teléfono" de mi mano vacía:— ¿Por qué no me da algunos datos concretos sobre usted y sus pretensiones, entonces?

—Bien, yo soy actualmente gerente de Productos Generales, y estoy en búsqueda porque... —y mientras el señor Maduro se lanzaba a una reseña de su historia yo dejé el falso teléfono sobre la mesa y me puse a hojear papeles tan inexistentes como el aparato.

Al poco tiempo, Maduro desistió y calló.

—No hay que embarcarse en una entrevista telefónica —corregí—; dé unos pocos detalles e insista sobre la entrevista personal. Un mamotreto oral como el que usted comenzó a soltar solamente lograría provocar desinterés. Pero supongamos —levanté el teléfono— que usted no cometió ese error y yo finalmente le pregunto: "De acuerdo, pero ¿en qué podrían serme útiles en esta empresa sus antecedentes?".

—Concertemos una entrevista —rogó el señor Maduro— y se lo explicaré personalmente.

—Error otra vez —indiqué—. Una pregunta razonable debe ser admitida y respondida; y si pese a todo la entrevista le es negada, exprese su desilusión y pida contactos, nombres a los que recurrir.

—Ahora explíquenos el caso de que a uno le contesten la carta —sugirió esperanzado el joven—; mandé respuestas y currículum a todos los avisos, abiertos y ciegos, me presenté en todas las consultoras en selección, puse en el correo cartas de promoción a todos los contactos que mi red puso a mi alcance... Y, de pronto, campanilla, atiendo y...

—¿Y qué tiene a su lado? —pregunté a boca de jarro.

El joven me miró desconcertado.

—O al menos en el cajón de su escritorio, o en una carpeta, ¿no tiene nada? —insistí.

—No entiendo de qué me habla, Cristina —protestó débilmente el muchacho.

—De que hay que tener a mano el registro de contactos para poder hacer una referencia inmediata. Si no está seguro, haga las preguntas pertinentes para relacionar el llamado con la carta que escribió; que sean pocas preguntas. Mientras hable, tome notas: porque si quien llama está decidido a concertar una entrevista lo único que hará será acordar una fecha conveniente, pero si le piden discutir detalles de sus antecedentes usted tendrá que dar algún tipo de respuesta; pero que sea breve, y sugiera que la ampliará en una entrevista personal.

A esta altura de nuestra discusión grupal me pareció necesario resumir algunos puntos cruciales sobre el tema tratado. Dijimos:

1 — *La entrevista es una encrucijada decisiva* en la búsqueda laboral. No improvise. Prepárese adecuadamente.

2 — *Antes de la entrevista haga una investigación exhaustiva.* Quien está interiorizado de los asuntos internos y el desarrollo de la empresa tiene puntos a favor.

3 — *Averigüe datos sobre el entrevistador.* Saber quién está del otro lado aumenta la propia seguridad.

4 — *Trate de vincular sus capacidades con las metas de la empresa.* No plantee sus propios objetivos a largo plazo, sino puntos específicos de su valía en relación a la situación actual de la empresa.

5 — *Hable poco, con precisión y sin desperdiciar palabras.* Practique el contenido de sus intervenciones.

6 — *Dé una imagen segura, interesada y enérgica.* Formule preguntas. Practique la forma de sus intervenciones en el diálogo.

7 — *Trate el tema salarial al final.* Dé la impresión de que el trabajo es más importante que la remunera-

ción, pero no que usted aceptará cualquier cosa. Si el cambio es importante puede admitir reducciones mayores.

8 — *Mantenga un estado anímico positivo constante.* Esté alerta a preguntas capciosas dirigidas a probar su personalidad. Cuide su imagen corporal. No aduzca conflictos de personalidad.

9 — *Trate al entrevistador humanamente.* La cortesía y la atención le permitirán interpretar las reacciones del otro. Sea receptivo y su entrevistador se lo agradecerá.

10 — *Acepte los exámenes técnicos y psicológicos de buen grado.* No son desvalorizantes y hay que evitar mostrar miedos o fobias irracionales.

11 — *Acuda a los consultores y mantenga un seguimiento.* Recuerde "vender" su persona tal como lo haría ante un empleador potencial. Pida entrevistas.

12 — *Practique la entrevista* imaginando respuestas a las preguntas posibles. Trate de grabarse o hacer la práctica con alguien que señale sus errores.

13 — *Use el teléfono como herramienta para lograr entrevistas.* Tenga preparados y practicados su mensaje y su forma de expresión.

14 — *Acepte una minientrevista telefónica en último caso.* Trate de despertar interés en usted para así provocar la entrevista personal.

15 — *Dé una imagen firme, cortés, segura e interesante.* De este modo, aunque no obtenga la entrevista, podrá obtener nuevos contactos.

En lo anterior habíamos llegado a ponernos de acuerdo, pero un tema, que habíamos dejado inconcluso al rozarlo antes, desató una viva discusión. Se trataba de la negociación. Estas eran las ideas:

—No hay negociación si la compañía no mostró ya tener interés.

—Yo negocio desde el primer momento.

—Hasta no lograr el máximo salario posible no se puede hablar de negociación.

—Pero ¿cómo sé cuál es el máximo?

Cada uno argumentaba a su manera, y no siempre adecuadamente. Al fin, pidieron mi opinión:

—Apenas un contacto da como resultado que surja interés por una entrevista ya hay que ir con la mentalidad de una negociación. Pero no se puede negociar con quien no tiene poder de decisión; y el que lo tiene no se interesará en negociar hasta que él mismo no esté involucrado. Así que hay que iniciar la negociación cuando uno sabe que quien puede decidir ya está tomando parte en el desarrollo del trato. Sin embargo, demasiadas veces las negociaciones fracasan porque el postulante olvida que ambas partes deben salir gananciosas y ambas partes deben estar interesadas en llegar a un acuerdo final. En toda negociación, aunque cada una tiene sus rasgos peculiares, hay una cierta estructura:

* *preliminares*
* *toma de posiciones*
* *señales (mensajes) de ida y vuelta*
* *acuerdo*

—Mucho antes de llegar a la etapa final puede ya haber aparecido un mutuo interés: el empleador puede estar interesado en usted y usted en el empleo. Entonces deberá establecerse qué grado de interés tienen ambos y, durante la entrevista, percibir las señales para ver si puede darse una adecuación entre ambas partes. Su capacidad para interpretar y leer adecuadamente esos mensajes es lo que...

—Licenciada —interrumpió el señor Arrogante— está usted hablando como una radiotelegrafista, no como nuestra asesora.

No pude evitar reírme:

—¡Perdonen! Daré una explicación. La negociación debe ser vista como un proceso de comunicación, en el que influyen tres variables: poder, información y tiempo. Cada una de las partes posee algo de las tres y debe usarlo positivamente. No debemos intentar crear, mediante el uso de esas variables, una situación donde uno gane y otro pierda: aunque alguna de las partes se salga con la suya, el resultado no será una relación muy duradera... ¡Se habrán creado resentimientos que dañarán todo! Si una compañía necesita un ejecutivo y el selector encuentra una persona que, por la razón que sea, se ve obligada a aceptar un bajo salario, la compañía y el selector quizás se sientan ganadores, pero el ejecutivo sentirá que está siendo explotado y planeará cambiar de empleo a corto plazo. ¿Y de qué sirve conseguir un excelente ejecutivo para perderlo apenas pueda irse? Lo mismo vale a la inversa.

—¿Quiere decir que uno no debe intentar ganar lo máximo posible? —preguntó incrédulamente el joven.

—Quiero decir que no se debe abusar. Es lícito intentar sacar el beneficio más definido que la situación admita, pero si se diera el caso de que la empresa necesitase con urgencia sus servicios y usted pudiera imponer un salario desmedido, que Dios lo ayude: porque no se le admitirán errores, se esperará que en cortísimo lapso esté usted rindiendo beneficios, y sabemos que una apreciación realista de la adaptación al nuevo empleo es de tres meses a medio año, incluso más...

—¿Cómo manejar la situación entonces? ¿Cómo darse cuenta de qué lado está el poder?

—Evalúe: el empleador tiene poder porque puede:

— ofrecer un puesto
— establecer el nivel salarial (y otros beneficios)
— obtener información sobre el postulante

— establecer las reglas (¡juega de local!)
— extraer recursos de muchas áreas;

pero toda moneda tiene dos caras: carece de poder porque tiene:

— una necesidad que cubrir (¡el puesto vacante!)
— una ubicación rígida (no puede cambiar el puesto)
— requisitos ya establecidos
— competidores.

Y esto significa que el postulante tiene poder porque:

— el empleador necesita habilidades y conocimientos
— es dueño de la información sobre sí mismo
— puede obtener información de la empresa
— es mucho más flexible que el empleador.

Y, lógicamente, carece de poder porque:

— solamente cuenta con su idoneidad
— y necesita trabajar.

—Lo que quiere decir que, en cada caso, el grado de poder fluctúa; yo podría aguantar bastante sin empleo... Eso me da más fuerza —comentó el señor Arrogante.

—Y yo puedo adaptarme a muy diferentes empleos, ahora que me atrevo a transferir mi experiencia de un área a otra —reflexionó el señor Nervioso—; soy flexible.

—Y mi red de contactos me informará sobre la urgencia con que haya que cubrir el puesto que sea —gruñó el señor Maduro—; eso me permitirá negociar mejor.

—Cada caso tiene que ser evaluado en todas sus facetas; pero el poder —advertí seriamente— es sólo la primera variable. La segunda es la información. Las preguntas a formular son:

¿Qué información útil tiene el empleador?
¿Qué información útil le falta?
¿Qué información útil tiene el postulante?
¿Qué información útil le falta?

—Cristina, está usted dominada por un furor simétrico. ¡Eso parece un cuadro sinóptico! —reprochó el señor Maduro, que era la voz cantante de los pensamientos de todos—. Déjeme contestar y corríjame donde me equivoque. Arrogante, yo tomo a mi cargo lo del empleador; usted encárguese del postulante.

Arrogante asintió, y yo me recosté a descansar un poco. ¡Era un alivio contar con alguien tan capacitado como Maduro! El poder de la experiencia, sumado a una inteligencia despierta. Es admirable, reflexioné.

—El empleador —razonó Maduro— tiene mejor información en todo lo que concierne al puesto, incluyendo sus perspectivas futuras; sabe los límites posibles de salarios y beneficios; conoce las especificaciones del puesto y sabe hasta qué punto puede apartarse de esas especificaciones; conoce los estilos y caracteres de los demás ejecutivos de esa área, y el nivel salarial correspondiente, porque tiene acceso a información proveniente de otras organizaciones y puede conseguir el currículum y las referencias del postulante.

—Por otra parte —contraatacó Arrogante— es bastante común que el empleador no conozca a fondo los requisitos del puesto a cubrir, y el postulante dará sobre sí mismo la información que le convenga: ésas son debilidades en la información del empleador.

—Por lo tanto —dedujo Maduro— el postulante, que se ha desempeñado en tareas similares, suele conocer lo que pide el nuevo empleo mejor que el empleador, y aparte de saberlo todo acerca de sí mismo ya tiene decidido qué ofertas quiere aceptar.

—Claro está —objetó Arrogante— que cada trabajo tiene matices propios que el postulante no conoce, ni tampoco sabe con qué gente le agrada manejarse al empleador, ni con qué prejuicios se enfrenta a la gente nueva. Estas faltas de información impiden poder adaptarse.

—¡Excelente! —aplaudí—. Ahora, la tercera variable: Tiempo. Ventajas y desventajas para cada una de las partes.

—Yo me encargo de las ventajas —dijo Arrogante y, sin esperar más, comenzó—: El empleador tiene ventaja si no hay apuro en cubrir el puesto. Eso puede contrarrestarse si el postulante no tiene urgencia de tomar el trabajo y puede darse el lujo de dejar pasar la oportunidad. Raro, ¡pero posible! —rió.

—Y las desventajas —concluyó Maduro— son las correlativas: si el empleador no puede seguir dejando vacante el puesto tampoco puede dejar ir a un postulante apto... Y en cuanto al postulante, si necesita el empleo, no puede regatear.

—Y ésta es habitualmente la situación que uno encuentra —dijo sombríamente el señor Nervioso.

—Justamente por eso pedí a los señores que determinasen las situaciones de ventajas y desventajas correlativas en todas las variables —interrumpí—; porque de no sopesar con claridad las diferentes pautas y matices que se dan, muchos postulantes adoptan una mentalidad perdedora desde el principio, y así llegan a negociaciones fracasadas o insatisfactorias. Se puede ganar una cierta ventaja afrontando todo el proceso de la entrevista como una negociación: hay que acumular la mayor cantidad de información útil sobre el empleador, su empresa, el mercado y el entorno; hay que mostrarse positivo y entusiasta, no hay que olvidar que es un asunto de negocios, así que debemos concertar las necesidades de la compañía con las propias, más allá de la relación personal que se entable con el entrevistador; y, por sobre todo, hay que interpretar correctamente las señales que se emitan durante la entrevista.

—Salió la radiotelegrafista otra vez —protestó el señor Maduro.

—¿Cómo se da usted cuenta de si su negociación va bien o mal, señor? —retruqué.

—Y... intuición, supongo.

—Muy poco sistemático: me decepciona en usted, con su capacidad —no pude resistir la tentación de reprenderlo un poco—. Es positivo que a usted lo entrevisten sucesivamente varias personas; es positivo que las entrevistas sean largas y que parezcan ser disfrutadas; es positivo que al finalizar la entrevista el otro haga arreglos para reunirse nuevamente o que le diga que lo llamará para hacer esos arreglos. Y es negativo que solamente vea a una persona, que el entrevistador concluya rápidamente la reunión y que usted se vaya sin saber qué va a ocurrir luego. Incluso si hay más de una entrevista no es bueno que usted no llegue a saber nunca con claridad cuáles son los problemas que deberá resolver. Una señal positiva sería que su entrevistador, si es la persona con poder de decisión, comenzase a discurrir sobre el puesto y sus tareas incluyéndolo a usted como un potencial colaborador. Es buena señal que todo vaya con rapidez y que lo mantengan informado si hay retrasos o dificultades; es malo que haya largos lapsos entre una reunión y otra, y que usted se entere a último momento de las dificultades o cambios que se produzcan. Es muy sintomático lo que ocurre cuando uno llama por teléfono: si le dan con la persona en cuestión, santo y bueno, si le hacen dejar mensaje y no le contestan... malo. Y si acaso ese entrevistador con poder de decisión empieza a hablar sobre la política de la compañía en cuanto a salarios y beneficios...

—¡Uno ya puede considerarse dentro! —exclamó alegrísimo Ernesto.

—¡Ya me parecía demasiado silencio de su parte, señor E. Ror! —reproché con cierta amabilidad—. De ninguna manera: *no se considere jamás empleado hasta que ya esté en funciones...* Lo que he descrito son buenas y malas señales; son mayores o menores perspectivas de llegar a buen término, pero nada es decisivo. Lo que estoy diciendo es que usted debe analizar las entrevistas y mantener un control sobre el proceso de negociación: y cuando se llega a la fase final, la fase que la mayoría de la gente considera la negociación propiamente dicha, es cuando más cuidado se ha de tener. Ahí sí debe uno plantearse una estrategia: cuál sea, se determinará en cada caso, estudiando esas variables de información, tiempo y poder. La pregunta rectora, su consigna en esa etapa, tiene que ser: "¿Tiene sentido tratar de obtener ese puesto? ¿Puedo hacerlo?". Use todos los recursos a su alcance: si una consultora lo presentó a la empresa, utilícela como fuente de información; incluso puede llegar a ser un buen elemento de mediación. Lo mismo puede ocurrir con el Departamento de Personal de la empresa, recuerde que ni Personal ni la consultoría son neutrales y que si usted ha llegado hasta ese punto es porque ellos lo han avalado, así que tienen interés en usted. Por eso pueden ayudarlo.

—Licenciada, lo que usted cuenta será en niveles superiores al mío —se quejó el joven—, porque recuerdo bien que cuando yo llegué a mi empleo no tuve opción, era "tómelo o déjelo".

—Es verdad —acepté— que la negociación es más habitual en los puestos de alto nivel; pero también puede ocurrir que el estilo de una compañía determinada, o de ciertos ejecutivos con poder de decisión, sea no negociar. Si es así, sólo hay dos opciones: aceptar o rechazar. En general, las compañías medianas en expansión dan espacio para la negociación, pero sólo puede saberse esto analizando cada caso en particular. Así que conviene recabar información sobre tres puntos básicos: si hay o no espacio para negociar, primero; en segundo lugar, la política de remuneración, sea salarios, comisiones, premios, y los beneficios, desde vacaciones a servicios médicos. De acuerdo con la manera en que usted haya apreciado las ventajas y desventajas de su posición podrá negociar diferentes ítems: salario, premios, seguro, vacaciones, automóvil, comida, vivienda, comisiones, participación, viáticos... Algunos son habituales, otros son tan excepcionales que quizás nunca se acepten. Ustedes decidirán qué pedir y qué dejar de lado.

—Pero cuando uno ya está ultimando esos detalles entonces sí se puede considerar empleado —afirmó, más que preguntó, Ernesto.

—Tampoco.

Bufido de decepción de Ernesto.

—La regla es: "Nunca estoy empleado hasta que estoy en funciones". No lo olvide, Ernesto. Además, una vez que la oferta está hecha, pueden comenzar las dilaciones.

—¡No sería de mi parte! —gritó el joven—. Apenas tuviera una en firme para mí el proceso estaría liquidado.

—¡No tan rápido, amigo! —protesté—. ¿Qué pasa si aparecen una o dos ofertas, o más? Pasar de la sequía a la inundación no es tan raro como usted cree; porque usted, en la búsqueda, va tentando diferentes puertas. Quizás tenga mucho interés en la compañía que no termina de decidirse, y la otra, que a usted le interesa menos, le da una propuesta acabada y en firme: ¿qué hace usted en ese caso?

El joven calló, confundido. El señor Arrogante dijo, lentamente:

—Intentar presionar a la que más me interese con la oferta de la otra... ¿No le parece una buena alternativa, Cristina? Algo así como "mejoren esta oferta o me voy con los otros".

—No de esa manera, señor —rectifiqué—; crearía usted un resentimiento, y hasta podría volver en contra suya a la compañía dubitativa. No, lo justo sería avisar que usted ha recibido una oferta, y pedir, dado que usted prefiere a la compañía que no se decide, que le hagan una oferta alternativa. No ponga a la una contra la otra; simplemente informe. Hay veces que una compañía dilata el momento de formular la oferta en firme porque, aunque haya un interés sincero, se producen circunstancias que impiden que quien o quienes deban aprobar la decisión lo hagan; pueden estar viajando, por ejemplo.

—Pero no se puede mantener a los demás grupos esperando indefinidamente —objetó el señor Nervioso—; en esta hipótesis ellos han hecho una oferta, y tienen derecho a una respuesta. Quizás mi compañía favorita no está dilatando la oferta por razones tan inocentes como las que usted dice; quizás están evaluando otros candidatos... ¡No quisiera quedarme sin el pan y sin la torta!

—Pida información a sus contactos, entonces —respondí—; lo importante es que usted no negocie a tientas. En cualquier caso, trate de mantener sus opciones abiertas lo más que pueda: pida un plazo para decidir, y mientras tanto explore sus posibilidades en la otra firma. Aduzca razones familiares; pero recuerde no herir los sentimientos de nadie ni dar la impresión de que está abusando de ellos. Y si ve que debe aceptar, dejando de lado otras opciones cuya negociación está inconclusa, recuerde siempre enviar una nota agradeciendo la oportunidad que le habían brindado. *Noblesse obligue!* Le diré más: si no se ponen de acuerdo por causa del salario sería raro que la empresa cambiase la oferta; pero quizás si usted mantiene todos los puentes de la cortesía tendidos, más adelante lo recuerden para alguna otra posición, incluso más elevada. ¡Siempre hay que tener en cuenta el desarrollo del futuro!

El señor Arrogante carraspeó:

—¿Cómo decidir si es el momento de aceptar la oferta o si conviene seguir esperando? Es una gran tentación esperar algo mejor... Pero recuerdo aquello de "más vale pájaro en mano que cien volando", y...

—Repase sus objetivos —indiqué—, y luego pregúntese: ¿Conviene que rechace esta oferta? Si la respuesta es "sí", antes de rechazar piense: ¿Debo modificar mis objetivos originales? ¿He usado todos mis contactos? ¿Puedo mejorar mi red? ¿Cuánto tiempo necesitaría para hacerlo, ampliar mi campo de búsqueda y lograr una oferta superior? ¿Mi situación financiera admite esperar ese lapso? ¿No sería conveniente tomar un puesto de transición hasta obtener el trabajo que quiero? Sea absolutamente sincero consigo mismo, y la racionalidad le indicará si debe o no aceptar la oferta que tenga. Si lo hace así, de modo concienzudo y sin autoengañarse, difícilmente se reproche luego la decisión que tome, sea la que sea.

—Pero si uno decide contestar que sí, y lo comunica al empleador, entonces ya puede estar tranquilo... —dijo entre esperanzado e incierto, Ernesto.

Meneé la cabeza.

—¿Tampoco entonces? —murmuró desconsolado E. Ror—. Pero ¿cuándo se termina?

—No se está empleado hasta tomar posesión del empleo —canturreé—; repítaselo una y mil veces... Ni siquiera después de dar el "sí" uno debe dejar de lado la búsqueda: hay que seguir tentando todas las puertas hasta el último instante... Porque nada ni nadie le garantizan nada. ¿Y si aparece otro candidato atractivo en el último momento? ¿Si la dirección no aprueba lo negociado? ¿Si se congelan las vacantes por orden superior? ¿Si cambia de pronto la dirección? ¿Si le quitan poder de decisión a su interlocutor? ¿Si mientras constatan la información que usted dio aparecen dudas? Hay que ser precavido: la empresa también puede estar jugando varias cartas a la vez. Pueden alentar las esperanzas de varios postulantes hasta último momento; o cada ejecutivo con poder de decisión tiene un favorito diferente; o buscarán oponer un postulante al otro para negociar más ventajas para la compañía... ¡Hay que precaverse!

—¿Cómo? —había hablado el joven, pero todos esperaban la respuesta.

—Si una compañía parece interesada, haga rápido el acuerdo: pero no se apresure, o perderá poder de negociar. Si lo presentó una consultora, confíe a ellos la negociación; y, sobre todo, la búsqueda no cesa hasta el último instante. ¡Nadie está empleado hasta que toma posesión del empleo! y esto no lo repetiré nunca lo bastante... Incluso una oferta verbal —dije mientras me iba incorporando— debe ser corroborada: puede haber un examen médico, o quizás no esté completa la verificación de referencias... Y también puede haber malos entendidos: conviene repasar oralmente lo acordado y verificar si el empleador está de acuerdo. Si no lo invitan a comenzar de inmediato, pida que se establezca fecha de inicio de tareas.

Me acerqué para ir despidiéndolos uno a uno, y mientras comenzaba los saludos les recordé:

—Ahora es el momento de corregir las fallas de personalidad o rendimiento que puedan hacerlos más vulnerables: necesitarán estudio, autoevaluación y esfuerzo en su empresa de reubicación laboral. Eso debería fortalecerlos y fijar con claridad sus objetivos para los próximos cinco a diez años; debería ayudarlos a precaverse, pero no contra el cambio, que es inevitable y casi siempre imprevisible, sino contra la tentación del quietismo. Pronto conocerán su competencia funcional, técnica, administrativa e interpersonal; sabrán estimar el valor de sus aptitudes, talentos y experiencias; habrán mejorado su visión integral del mercado y podrán tomar la iniciativa en lugar de dejarse arrastrar por los acontecimientos. Se preguntarán a sí mismos "¿Qué hago?", en lugar de preguntárselo a otro, confusos e inquietos.

En este momento me paré frente al señor Maduro, y me sorprendió verlo aún sentado, cabizbajo. De pronto me clavó los ojos:

—Lo he escuchado todo con gran interés; he participado en esta tarea; me ha hecho sentir bien por unas horas. Gracias por eso, Cristina; pero ahora que el encanto de sus palabras cesó veo que mi carrera ha terminado realmente. Estoy aquí por mera equivocación.

Quise interrumpirlo, pero me detuvo con un gesto:

—Equivoqué el momento: debí venir hace diez años... Ahora es distinto. Todo lo conozco; gozo de consideración, manejo el mercado como la palma de mi mano, pero los incentivos se han ido: mis hijos están casados, ya no tengo amistades para conquistar... Mi vida está completa, terminada. Todo lo que hemos hablado me atrae, pero es para mí teórico: tengo que repetírmelo, mi vida está terminando.

La sonrisa se le estaba volviendo amarga.

—¡Cuántas horas libres me esperan! Tantas, tantas... Casi las siento vacías.

Y se levantó para irse. Me tendió la mano y no la tomé.

—Su participación en esta reunión —proclamé— ha sido muy valiosa. Es usted un ejemplo de cómo la experiencia y la mente inquieta, juntas, hacen a un verdadero ejecutivo; y no veo por qué tiene usted que sentirse con la carrera terminada. ¿Su edad? ¿Haber pasado los cincuenta años le ha quitado toda meta? En la Argentina el ochenta por ciento de los gerentes tienen esa edad, y en el resto de Latinoamérica el porcentaje es mayor. Es difícil, pero no es imposible buscar y encontrar un puesto en relación de dependencia pasados los sesenta; pero esa trayectoria, esa carrera cuyos resultados le han permitido hoy brillar en esta reunión lo habilitan también para que busque nuevas modalidades.

Los otros concurrentes, que ya estaban por irse, se iban acercando lentamente. Continué:

—Deberá aprender a comercializar su experiencia en tareas "part-time": puede investigar las áreas de asesoría y consultoría, y no olvide que en el modelo japonés de aprovechamiento de la experiencia quien se jubila es recontratado por la empresa en tiempo parcial, como tutor, para que se desempeñe como figura paterna de los nuevos integrantes. Estrictamente, es un consultor personal. En los Estados Unidos ya existe este puesto, y esperamos que pronto comience en Latinoamérica. Hay para usted un campo —me acerqué al señor Maduro— que aún no exploró y quizás usted mismo deba abrir: el de los roles laborales adecuados a su edad, apartados del estrés del trabajo en la línea.

—Ahora sí, creo —dijo lentamente el señor Maduro— que con esto terminamos, licenciada. Gracias.

Me pareció notar cierto brillo esperanzado en su mirada: gente así necesita desafíos, nuevos campos para continuar... Pero la inquietud había prendido en los demás. El señor Nervioso se adelantó:

—También yo creo que con esto terminamos. Pero ahora, al irnos de este despacho, siento el miedo. ¿Para qué negarlo? El mismo —señaló al señor Maduro— se verá en dificultades para abrir sus áreas específicas. Yo tengo las mías establecidas, y en ellas la competencia es terriblemente dura.

—Ya que él tiene la sinceridad de decirlo, también yo —el señor Arrogante se reunió con Nervioso— debo reconocerlo: me perturba la competencia. No con los de mi generación; ahí confío en mí, pero... La gente joven avanza sin tener consideración de ninguna naturaleza. Quieren su propio espacio y les estorbamos. Hay demasiados muchachos empujando, ¡y unos cuantos con intenciones aviesas!

—Es cierto —reconocí— que las generaciones jóvenes muestran un alto grado de competitividad; es cierto que por generaciones hemos formado profesionales sin que nuestros países hayan generado puestos para ellos; pero el desafío no es competir con ellos, sino colaborar: tratar de verlos no como enemigos, sino como nuestros futuros representantes: ellos serán quienes hagan perdurar nuestra experiencia. Es muy posible, créanme...

—Con esto sí creo que hemos terminado, Cristina —dijo Arrogante tendiéndome la mano.

Pero mientras lo saludaba a él y a Nervioso, el joven habló en un arranque:

—Todo está muy bien y muy lindo, y aprendí un montonazo, pero la cosa no está muy con los pies en la tierra, ¿no, licenciada? Porque por más que yo me vaya de donde estoy quién sabe si encuentro lo que busco... Yo estoy, por ahora, bastante bien donde estoy: lo que me dan puedo hacerlo, y aprendo, y si me miran de costado y me tiran al bombo es porque los jefes piensan como ese señor, que yo soy un peligro y vengo con un serrucho en cada mano, y disculpe que hable así, pero por lo menos soy claro. No, el trabajo que tengo no está rebien pero puedo hacerlo, y si busco otro mejor lo que hoy hablamos lo voy a usar, y todo el rollo: pero cuando yo salí de la Universidad me había hecho la película con el título y lo que iba a hacer, y todas las cosas que tenía por delante, y...

Lo corté abruptamente:

—Usted hace tan poco que salió de la Universidad... Como usted dice, se "hizo la película" del trabajo ideal. Bueno, usted es el único en toda esta reunión al que le tengo que dar una mala noticia. El papelito ese tan hermoso, y que tanto le costó, y que tan pomposamente llamamos "diploma", es un papel y no marca el final de nada. No es el final feliz: ¡es un principio dramático! Lo mejor será que empiece por cambiar el libreto: usted es un profesional graduado, con potencialidades, y el mismo tesón y esfuerzo que usó para pasar su ciclo básico e ir aprobando sus materias hasta su graduación son energías que tendrá que volver a usar. Tesón y esfuerzo, otra vez, y ahora para ir por el mundo empresario y acumular experiencia. Olvídese del libreto de su película ideal: la vida real valora los profesionales y exige formación, pero también le exige que usted haga por usted mismo lo que la Universidad no pudo o no supo darle. Ahora es el momento de ver cómo se aplica la teoría: y lo esperan grandes sorpresas, porque en los primeros años le parecerá que no hay nada en la realidad que se ajuste a los libros.

El joven calló, apabullado; así que sonreí, saludándolo:

—Y con esta mala noticia se abre para usted un excelente porvenir. Con esto, también yo creo que hemos terminado...

Todos salieron, y el silencio cayó en mi despacho. Pensé: "Con esto terminé un día duro".

—No todavía.

En mi oficina había entrado una mujer todavía joven, bien vestida, con facciones suaves pero seguras. La reconocí enseguida: era la Mujer Profesional. (¿Recuerda usted, amiga lectora, que le prometí en las primeras páginas de este libro que volveríamos al tema de la diferencia de sexo en el campo laboral? Bien, éste es el momento de conversar usted y yo...)

La Mujer Profesional que he conocido a lo largo de mi carrera laboral tiene cualquiera de los rasgos de mis visitantes: es una Joven, o alguien como el señor Arrogante, o el señor Maduro, o el señor Nervioso... ¡y también hay Ernestinas Ror! Pero en esta reunión entre imaginarios visitantes y asesora yo debía tener una reunión con la Mujer Profesional. Unas pocas palabras, a solas, para clarificar lo particular de su situación. Así que le di la bienvenida, nos sentamos y le pregunté qué deseaba plantearme.

—Es fácil —repuso—. Soy mujer, y quiero abrirme paso en el nivel empresarial. ¿Necesita algún dato más?

—Nada —repuse—. Está preocupada por su futuro. Pero véase a usted misma con la máxima objetividad posible; haga su autoevaluación, su lista de logros, mejore su formación... y no olvide que éste es un mundo de hombres hecho por hombres para los hombres, y que no nos toca a nosotras, mujeres empresarias, embanderarnos detrás de ningún feminismo facilista. No tenemos por qué cuestionarlo constantemente. Es un hecho, un dato de la realidad. Si queremos modificarlo a lo largo de los años, la mejor manera será *demostrar que las mujeres tenemos igual idoneidad e igual potencial laboral que los hombres.*

—Está bien —aceptó—. Usted me trata de decir que, en teoría, no hay diferencias, pero... deme un consejo práctico. ¡Piense algo exclusivo para mí!

Me apresuré a contestarle:

—Cuando yo debo entrevistar a una mujer postulante, mi expectativa es que actúe como un profesional; espero que privilegie su idoneidad en la profesión que sea, por encima de cualquier otro rasgo, sea sexo, nación o religión. Para mí un currículum es válido sin que yo conozca el nombre de su dueño y como es absolutamente cierto que el mercado laboral para las mujeres está muy bloqueado, hay una triquiñuela que vale la pena tener en cuenta: sobre todo cuando la especialización es sumamente sofisticada, el mercado es reacio a admitir mujeres, porque son pocas las personas que se dedican a esa área y...

—Yo soy ingeniera industrial —indicó mi visitante—, es un área casi exclusivamente masculina...

—¡Ponga la inicial de su nombre en el currículum y las cartas, entonces! —señalé—. Inicial y apellido, y deje que pese su trayectoria. Cuando citen a M. Rodríguez, entonces se enterarán de que es Marta y no Manuel: pero para ese momento la puerta ya estará abierta. Es un modo de evitar esa primera discriminación que alguna gente todavía hace: hay quienes apartan los currículum de las mujeres, porque tienen preconceptos sobre la mujer. Argumentan que una mujer con su núcleo familiar traería problemas... ¡Olvidan que muchas pautas sociales ya han cambiado! Doble escolaridad, guarderías, madres que se apartan del esquema del ama de casa, hijos con mayor autonomía y menor dependencia... Es una falacia que una mujer con núcleo familiar es menos eficiente.

—Pero... los avisos están, mayoritariamente, escritos en masculino, me siento excluida antes de concursar...

—Es cierto —coincidí— pero, en el 80% de los casos es sólo una costumbre idiomática. Enfáticamente le aconsejo contestar esos avisos. Sólo en pocos casos el potencial empleador tiene razones de peso como para, tácitamente, descartar por sexo. No olvide Ud. que un empleador busca eficiencia, logros, valor agregado; si su currículum refleja eso, tiene Ud. posibilidades de, al menos, ser citada.

—Y, ¿es cierto que deberé resignarme a una remuneración menor, sólo por ser mujer?

—De ninguna manera —contesté—. Gracias a Dios, esa discriminación no es una generalidad en nuestro país, y, mucho menos en puestos de Jefaturas o Gerenciales. Reconozco que frecuentemente las revistas llamadas "femeninas" tocan este tema y equivocadamente, muchas veces trasmiten ideas o conceptos de otras culturas o países donde, lamentablemente, eso es cierto. Pero, no le debemos sumar, a nuestros inconvenientes reales por ser mujeres en el mundo laboral, otros importados o imaginarios.

—Esto me tranquiliza —dijo la Mujer Profesional—. Bueno... la dejo continuar, licenciada.

Y se paraba para salir. Yo durante unos segundos lu-

ché con mi conciencia para decidir si correspondía tocar el tema o no. Decidí que era mi obligación mencio-
narlo, de modo que dije:

—Todavía no terminamos... por favor, siéntese. Ud.
me pidió algún consejo o sugerencia específicos para las
mujeres. Debemos hablar sobre un tema que afecta en
especial a la mujer: su vestimenta y presencia personal.
Todos sabemos qué influencia tiene la moda. Muchas de
nosotras soñamos, siempre estar "a la moda". Pero, lamentablemente el entorno o ambiente laboral es tradicional y —como dije antes— hecho a imagen y semejanza masculina. Esto no quiere decir que las mujeres deba-
mos ni "disfrazarnos" de hombres ni perder un toque fe-
menino. Pero, lo cierto es que en el contexto laboral debemos descartar "el último grito" de la moda. Faldas
muy largas o muy cortas, colores estridentes, maquilla-
jes muy elaborados, etc., deben quedar relegados para
nuestro tiempo libre.

—¿Ud. me trata de decir que debo vestir esos aburridos y masculinos "tailleurs"? —preguntó sorprendida.

—No, yo no mencioné nada en especial. Pero, así como los hombres todavía conservan el "saco y corbata"
como vestimenta laboral, las mujeres que queremos pro-
gresar, debemos mantener lo que los franceses llaman
"phisique du rol". Si soy abogada y quiero trabajar como
tal, debo "lucir" profesional y no como una modelo...
¿me entiende?

—Sí, gracias por el consejo —me contestó.

Y con esto nos despedimos y quedé sola. Con todo
lo que había conversado y meditado confeccioné este
resumen:

1 — La negociación debe dar ganancia a ambas partes o
    no será exitosa. Trate de sacar ventaja, pero sin da-
    ñar al otro. Sepa conceder.

2 — Evalúe las tres variables: poder, información y tiempo para determinar su espacio de negociación. Incluso puede darse el caso de que tal espacio no exista.

3 — Negocie sólo con quien tenga poder de decisión. Puede darse el caso, sin embargo, de que se deba negociar con una persona, ad referendum de la dirección o un grupo al que su interlocutor representa.

4 — Si hay más de una oferta, juegue limpio. Trate de dilatar su respuesta pero sin excederse del límite de resistencia del ofertante.

5 — Acepte (o rechace) una oferta sólo después de autoevaluar su situación. No sea rígido: puede darse el caso de que sea necesario cambiar las metas que usted se había propuesto o que decida que necesita un empleo transitorio.

6 — *No se está empleado hasta tomar posesión efectiva del empleo.* ¡Siempre pueden aparecer piedras imprevistas en el camino!

Y pensando en el señor Maduro y en el joven, anoté:

— Hay áreas laborales para explorar en todas las etapas de la vida.

Y pensando en la Mujer Profesional:

— Ponga en primer plano su idoneidad.

Y después, con un suspiro, confirmé:

—Con esto sí hemos terminado.

Capítulo XII

Epílogo y agradecimiento

El señor E. Ror puede cambiar o no, pero de ese cambio dependerá que su búsqueda laboral sea exitosa. Si nunca aprende cómo buscar empleo, una y otra vez recurrirá a este u otros libros sobre el tema. De los restantes personajes he recibido alguna carta de agradecimiento o tarjeta de saludos.

Me enteré de que el señor Nervioso consiguió un puesto satisfactorio, en un área muy similar a la anterior en que se desempeñaba. Tardó dos meses. ¡Tanto miedo, y...!

El señor Arrogante efectuó un cambio drástico en su carrera: sé que aceptó un recorte importante en su salario. Pero está muy feliz: me escribió una carta y manifiesta haberse desarrollado más en estos últimos meses que en los últimos años.

El señor Maduro aún no ha dejado su antiguo puesto, pero sé que está trabajando en la creación del área en la que él mismo se desempeñará luego.

¿Y nuestro joven amigo? ¡El único del que no recibí carta de agradecimiento! Pero supe que aún no ha dejado su vieja empresa: lo han ascendido y está en plena carrera... Pero no creo equivocarme demasiado si predigo que en unos diez años estará en el mismo punto en que se encontró el señor Nervioso cuando vino a verme o, en el mejor de los casos, en la situación del señor Arrogante.

Suele ser muy difícil recordar que nadie tiene comprado su futuro, y suele ser tentador pensar que la bonanza de hoy durará por siempre, y, sin embargo, una y otra vez la vida se empecina en recordarnos que hay siempre otro curso que no previmos para los acontecimientos y nos lo recuerda de la peor manera: embarcándonos en la obligación de cambiar. Así que lo mejor, lo más sano, y lo más adulto es estar preparado. ¡Lo más adulto! Y mi joven visitante no lo era del todo todavía... pero lo será.

A la Mujer Profesional la encuentro cada vez con más frecuencia en los procesos de selección que encaro.

A todos ellos, mezclados en cada persona real, les agradezco haber sembrado en mí el material de este libro.

Le sugerimos enviar POR CORREO su CURRICULUM y Cover-Letter solicitando ser incorporado en ARCHIVOS por posibles búsquedas no publicadas, a los siguientes colegas consultores.

EMPRESA	DOMICILIO	CONTACTO
AMROP INTERNATIONAL S.A (Pertenece a Executives-búsquedas de alto nivel)	Libertad 1213 2° piso	1012 - Bs. As.	Sr. Meyer Goodbar
ARCHENTI & ASOCIADOS	Maipú 677 4° piso	1006 - Bs. As.	Lic. Teresa Archenti
ARMONI CONSULTORES	San Martín 1143 8° piso	1004 - Bs. As.	Lic. Beatriz Lobo / Josefina D'Azzo
BEATRIZ CIOCCA (Lic. en Psicología)	José Uriburu 1719 P.B.	1114 - Bs. As.	
BELISE & ASOC.	Bmé. Mitre 921 2° Of. 23	1036 - Bs. As.	Lics. Leonardo M. Livsit / Yoland Serrano
BERTONI & ASOCIADOS	L. N. Alem 530 P. 3°	1001 - Bs. As.	
BERTORA Y ASOCIADOS	25 de Mayo 460 2° piso	1002 - Bs. As.	Miguel C. Mazzei / Juan Cincotta Horacio Mallo
BOYDEN	Córdoba 1255 - Piso 10° B	1057 - Bs. As.	Sr. Sam Summers
BUREAU CONSULTORES EN RR. II.	Bolívar 382 4° piso	1066 - Bs. As.	Lic. Santiago Raffo Magnasco
BUROCONSULT S.A.	Cerrito 1294 8° piso	1010 - Bs. As.	Sr. Carlos Grau Baena
BUSQUEDA DE TALENTOS	Aráoz 2754 piso 1° E	1425 - Bs. As.	Dr. José Luis Rodríguez Pagani
CAAMAÑO & ASOCIADOS	Montevideo 533 - 8° "B"	1019 - Bs. As.	Lic. Miguel Angel Caamaño
CLAUDIO A. ROITMAN & ASOC.	Jorge Newbery 1840 - Dpto. 2	1426 - Bs. As.	Dr. Claudio A. Roitman
CONSULTA	Lavalle 1125 5° p. "11"	1048 - Bs. As.	Lic. Ennio Righetti
DELOITTE & TOUCHE	Sarmiento 624	1041 - Bs. As.	Lic. Alberto Alvarez

EMPRESA	DOMICILIO		CONTACTO
DESJARDINS Y ASOCIADOS	Soldado de la Indep. 912 PB "A"	1426 - Bs. As.	Dra. Sara Desjardins
DEXTER	Av. Dávila 270 P. 1°	1107 - Bs. As.	Sr. Jorge Lindman
	Puerto Viamonte 2°		
AZUCENA M. DE GORBARAN & ASOC.	Juncal 802 3° "H"	1062 - Bs. As.	Lic. Azucena M. de Gorbaran
EGON ZEHNDER INT. S.A.	Av.del Libertador 602 P. 9°	1001 - Bs. As.	Lic. Gabriel Sánchez Zinny
			Ing. Fernández Aráoz
FERNAUD Y ASOC.	Reconquista 341 6° piso	1003 - Bs. As.	Dr. Claudio A. Fernaud
ESTUDIO HARTE Y ASOCIADOS	C.Pellegrini 763 2° p.	1009 - Bs. As.	Dr. Benjamín Tomás Harte
ESTUDIO GRIEBEN	Av. Corrientes 1173 piso 10° "D"	1043 - Bs. As.	
ESTUDIO NORA PAL	Juan R. de Velasco 127 P.B.	1414 - Bs. As.	Lic. Nora Pal
LM - RECURSOS HUMANOS	Rivadavia 789 - Piso 1°	1396 - Bs. As.	Dr. Luis Andrés Mary
EXECUTIVES S.A.	Viamonte 1181 9° p.	1053 - Bs. As.	Lic. Meyer Goodbar
FABERMAN	Av. Libertador 184 8° "D"	1001 - Bs. As.	Sr. Mauricio Faberman
GARCIA SANTAS Y ASOC.	Uruguay 266 piso 1°	1015 - Bs. As.	Lic. Carlos García Santas
GAYO & ASOC.	Viamonte 1348 4° "A"	1053 - Bs. As.	Lic. Graciela S. Gayo
GEMMA PINNEL & ASOC.	Av. Corrientes 753 7° "A"	1043 - Bs. As.	Lic. Gemma Pinnel
GHIDINI-RODIL & ASOCIADOS	Tucumán 326 - Piso 1° - 2° Cpo.	1049 - Bs. As.	Ing. Diego Ghidini / Lic. Silvia Rodil
GLORIA CASSANO & ASOC.	Florida 868 3° "D"	1005 - Bs. As.	Lic. Gloria Cassano
HEIDRICK & STRUGGLES	Juncal 621	1062 - Bs. As.	Sr. Ricardo Backer
HIDALGO Y ASOC.	Marcelo T. de Alvear 883 - 3° P.	1058 - Bs. As.	Sr. Bernardo Hidalgo
INGENIERIA RITZI	Marcelo T. de Alvear 1381 - 3° P.	1058 - Bs. As.	Sra. Adelaida Ritzi
IRLICHT Y GROSSI	Av. del Libertador 1146 PB	1112 - Bs. As.	Lic. Miguel Irlicht / Dr. Luis Grossi
JEBSEN & CO.	Av. L. N. Alem 693 3° p.	1001 - Bs. As.	Sra. Gabriela Santos

EMPRESA	DOMICILIO		CONTACTO
KEOPS S.A.C.I.F.	Rodríguez Peña 454 2° p.	1020 - Bs. As.	Lic. Mercedes Acuña
KORN FERRY INT.	Av. Quintana 585 6° piso	1129 - Bs. As.	Sr. Alejandro Cirone
KPMG CONSULTORES	L. N. Alem 1050 5° p.	1001 - Bs. As.	Sra. Nora Berio
ALBERTO LEDERMAN	Las Heras 1628 P. 1°	1018 - Bs. As.	Sr. Alberto Lederman
CONSULTORES DE DIRECCION			
LIC. GRACIELA BONZINI	Casilla de Correo 1497	1000 - Correo Central	Lic. Graciela Bonzini
LIC. ISABEL RIMANOCZY	Santiago del Estero 690 3° "A"	1075 - Bs. As.	Lic. Isabel Rimanoczy
LIC. MADRID & ASOC.	Lavalle 1390 1° "B"	1059 - Bs. As.	Lic. Horacio Madrid
PARODI, SKOWRON & ASOC. S.A.	Adolfo Dávila 846 - Dock 6° - Piso 3° - Loft 5	1107 - Bs. As.	Lic. Lidia Parodi de Skowron Lic. Alex Pitasi
LIC. MARCELA OLIVER	Av. Santa Fe 4437 3° "F"	1425 - Bs. As.	Lic. Marcela Oliver
LILIANA KEEN	Cerrito 774 2° Piso	1010 - Bs. As.	Lic. Liliana Keen
LOGIS S.A. SERV. DE ING.	Av. Córdoba 991 Piso 2° "B"	1054 - Bs. As.	Sr. Daniel Del Río
MAICA PALACIOS S.A. (Div. Staffing)	Tapiales 1770	1638 - Vte López	Lic. Estela Sarraute
MALTZMAN - B.ORELLANA	Lavalle 643 6° "A" y "B"	1047 - Bs. As.	Dra. Beatriz Orellana
MARIA ANDREA MOYANO y Asoc. Org. de Ventas	Rodríguez Peña 617 4°	1020 - Bs. As.	Sra. Moyano
MAS CONSULTORES	Cerrito 260 3° piso	1010 - Bs. As.	Lic. Víctor Allami
M & R MURDOCH & RODRIGUEZ CONSULTORES EN RR. HH.	Av. Santa Fe 4016 piso 8° A	1425 - Bs. As.	Sr. Alaric Murdoch Sr. Néstor Rodríguez
POBLETE - PIK & ASOCIADOS	Casilla de Correo 72	1640 - Martínez	Lic. Victoria Pik - División RR. HH.
NORA MOREAU SELECCION	C. Pellegrini 1175 PB "C"	1009 - Bs. As.	Dra. Nora Moreau

EMPRESA	DOMICILIO		CONTACTO
QUORUM Consultores de Empresas	Avda. de Mayo 982 P. 3° "A"	1084 - Bs. As.	Lics. Stella M. Testa / Luis Salamea
RODERICK W. MACADAM	Paraguay 647 - Piso 8° "33"	1057 - Bs. As.	Sr. Roderick Macadam
RAPOPORT & ASOC.	Paraguay 880 9° Of. 63	1057 - Bs. As.	Sr. Hugo Rapoport / Dr. Hugo Grana
ROLAND BERGER Y ASOC. S.A.	Tte. Gral. J. D. Perón 346 5° P.	1038 - Bs. As.	Sr. Guillermo Acuña
DR. ROLAND MOESGEN	Florida 547 piso 19	1005 - Bs. As.	Dr. Rolando Moesgen
(GRUPO BAUMANN)			
S.B. SUSANA BISET y ASOC.	Tucumán 326 P. 2° (3er. Cuerpo)	1049 - Bs. As.	Lic. Susana Biset
			Sra. Mariana Anastópulos
SARDI	Pje. del Carmen 716 5° "A"	1019 - Bs. As.	Dr. Jorge L. Sardi
SERGIO GARCIA Y ASOC.	Talcahuano 438 - 4° P.	1013 - Bs. As.	Sr. Sergio García
SERIAL DE LA TORRE	Sarmiento 640 piso 4°	1041 - Bs. As.	
(Consultores en RR. HH.)			
SCHAMIS & ASOCIADOS	Cerrito 1070 Piso 9°	1010 - Bs. As.	
INPLACEMENT S.A. (Consultores)			
Gerenciales			
SPENCER STUART	Paraguay 577 Piso 10°	1057 - Bs. As.	Sr. Rubén O. Heineman (Partner)
TASA INTERNATIONAL	San Martín 140 piso 11°	1004 - Bs. As.	Dra. Martha Alicia Alles
TOP MANAGEMENT DE ERNST &	Maipú 942 P.B.	1340 - Bs. As.	
YOUNG Y BERTORA & ASOC.			
LIC. TORRES GARCIA	Av. Córdoba 1184 Piso 6°	1055 - Bs. As.	Sr. Carlos Grau Baena
TRANSEARCH ARGENTINA S.A.	Cerrito 1294 Piso 8°	1010 - Bs. As.	Lic. Juan José Tramezzani
TRAMEZZANI & ASOCIADOS RR. HH.	Casilla de Correo 3086	1000 - Bs. As.	Sra. María Cristina Bomchil
VALUAR ORG. DE REC. HUMANOS	Tucumán 141 - Piso 2° "A"	1049 - Bs. As.	

Esta edición
se terminó de imprimir en
Talleres Gráficos Segunda Edición
Gral. Fructuoso Rivera 1066, Buenos Aires
en el mes de setiembre de 1996.